경상대학교 여성연구소 기획도서 5

여성과 섹슈얼리티

SEX
UA
LITY

권명진
이혜숙
지영경 · 공미혜
차영길
최정혜
하이케 헤르만스

경상대학교 여성연구소 기획도서 5

여성과 섹슈얼리티

경상대학교 여성연구소 엮음

한국학술정보

서언

최근 들어 페미니즘에 관한 논쟁이 다시 불붙고, 페미니즘의 네 번째 새로운 물결이 시작되었다. 이전의 물결과는 달리, 이 물결은 소셜 미디어에 의해 주도되고 세계적인 규모로 진행되어 전 세계의 가장 먼 곳까지 도달한다. 해시태그 미투(#MeToo)는 네 번째 물결의 핵심 동력으로 보이지만 실제로 그 기원은 훨씬 깊다. 미투 운동은 2017년 10월 미국에서 시작된 이후 전 세계로 퍼져 나갔다. 저명한 헐리우드 영화감독인 하비 와인스틴(Harby Weinstein)에 의한 학대가 폭로된 이후 그에 대한 토론이 빠르게 확산되었다. 많은 여성들이 소셜 미디어를 통해 성희롱 사례를 보고했는데, 그러한 성희롱은 여성보다 더 우월한 위치에 있는 남성에 의해 자주 일어났다. 이 운동은 소셜 미디어에서 유행하기 시작했으며, 이러한 방식으로 새로운 세대의 젊은 여성들은 여성에 대해, 그리고 사회에서의 그들의 위상에 대한 토론에 참여했다. 그러한 토론은 현재까지도 많은 포럼과 여러 그룹에서 진행되고 있다. 그 토론들은 모든 수준에서 개인의 정체성과 평등에 초점을 맞추어 진행되고 있고, 일상적으로 벌어지는 제도화된 성차별과 부정에 맞서 싸우고 있다.

그런데 여러 국가에서는 미투 운동에 앞서 다른 계기에 의해 집단적 행동이 촉발된 경우가 많다. 예를 들어 한국에서 2016년에 발생한 강남역 살인 사건은 한국 여성들을 거리에 나와 시위하도록 만들었다. 페미니즘의 역할과 의미에 대한 논쟁이 나이든 세대의 페미니스트와 거의 공통점이 없다고 여겼던 젊은 신세대 여성들에 의해 주도되었다. 새로운 풀뿌리 페미니즘은 나이든 세대의 페미니즘과 충돌을 일으켰는데 그 충돌은 소셜 미디어에서 매일 벌어지는 토론과 활동만큼이나 학문에도 영향을 미쳤다.

이번에 경상대학교 여성연구소에서 다섯 번째로 펴내는 기획도서에서는 사회에서의 이러한 토론을 반영하려 하였다. 이 책은 연구자와 일반 독자를 대상으로 하여 여성, 섹슈얼리티, 사회에서 여성의 역할에 대한 이해를 높이기 위해 기획되었다. 이 책에서는 철학적, 이론적 측면뿐만 아니라 페미니즘 원칙의 실제 적용을 또한 다루었다. 저자들은 사회과학부터 인문학의 다양한 범위에 걸쳐서 논의하였다.

1장에서는 푸코가 섹슈얼리티(sexuality)를 왜 권력의 문제로 보았는지를 살폈다. 푸코의 『성의 역사』를 대상으로 하여 그리스-로마의 성(sexuality)의 문제에 집중하였다. 푸코의 생각은, 그리스-로마와 중세 기독교 사이에 성에 대한 관념의 단절이 보이는데, 현대인의 주체적 삶에 대한 어떤 물음에 대하여 그 해답을 그리스-로마의 성적 정체성에 대한 관념으로부터 찾을 수 있다고 보는 것이다. 이 글에서는 이러한 푸코의 섹슈얼리티 논의를 집중적으로 논의하고 푸코의 시각과 방법론은 섹슈얼리티 문제에만 국한되는 것이 아니라, 그것을 넘어서서 여러 다양한 영역에서 영향을 미치고 있다는 점을 강조하였다.

2장에서는 대학 내의 성희롱과 성폭력에 대해 다루었다. 교수의 성비 불균형, 대학 성차별의 현주소와 성평등 의식, 대학 내 성희롱·성폭력 실체 등의 검토를 통해 남성중심적 대학 문화를 살폈고 대학 페미니즘 실현을 위한 과제를 제시하고자 했다. 즉 대학에서 성평등 이슈를 다루고 공론화할 수 있는 공식적인 조직이 필요하며 이를 통해 대학 교육 전반에 성인지 관점을 통합해야 한다는 점을 주장하고 아울러 대학 페미니즘 연대 활동도 필요하다는 점을 강조하였다.

3장에서는 한국사회에서 벌어진 미투 운동에 대해 진단하면서 이를 기반으로 성폭력의 개념과 여성이 성상품화하는 과정을 정리하였다. 반성폭력 운동을 두고 벌어진 보수주의, 자유주의, 급진적 페미니즘의 견해 차이에 대해 설명하고 나아갈 바를 제시하였다. 곧, 미투 운동 이후에는 지배 담론에 종속되지 않는 여성에 의한 여성의 섹슈얼리티가 펼쳐져야 함을 역설하였다.

4장에서는 유럽의 미투 운동을 개관하였다. 유럽평의회와 유럽연합을 포함한 지역 조직의 역할을 살피고 국가와 지역의 유사점과 차이점을 자세히 논의했다. 미투 운동이 각 유럽 지역에서 서로 다르게 전개된 과정과 그 의미에 대해 정치하게 분석하였다. 일례로 성인지 감수성이 높을수록 성희롱 등에 민감하게 반응하고 그에 따라 신고 횟수도 유럽 지역에 따라 차이가 난다는 점을 제시하였다.

5장에서는 유아 성교육에 대해 다루었다. 섹슈얼리티 문제가 성인에게만 해당되는 것이 아니라 유아, 청소년들도 모두 중요하게 얽혀 있다는 점을 전제로 하였다. 특히 유아기는 성 정체성이 형성되는 시기로서 이 시기에 성교육을 제대로 해야 아이들이 성장하는 과정에서 자신의 성 정체성을 이해하고 행복한 삶을 형성하게 된다는 점을 제시하였다. 이에 유아 성교육에 대한 담론을 통해 이러한 문제들을 살펴보고자 하였다.

6장에서는 부산지역에서 성폭력상담 운동을 수행해 온 상담활동가들의 성장 경험을 파악하고자 하였다. 이를 위해 부산지역 상담활동가 11명을 대상으로 심층면접을 진행하여 성장경험의 19개의 하위구성요소와 9개의 구성요소로 범주화하였다. 특히 부산지역을 중심으로 상담활동가의 성장경험을 다루었으며, 여성주의 정체성 발달과 연계하여 이들의 성장 경험을 분석하였다.

이 책에는 이처럼 다양한 분야의 학자들이 미투 운동과 섹슈얼리티를 화두로 하여 성찰한 질문과 대답이 담겨 있다. 이미 여러 번 논의가 된 주제를 새삼 꺼내든 것은 아직도 성희롱과 성차별이 우리 사회에 만연해 있다는 방증일 터이다. 이 책이 그러한 지점을 적실히 지적하고 우리 사회가 나아갈 길을 제시했다면 그것은 저자들의 작은 보람으로 삼을 수 있을 것이다.

경상대학교 여성연구소 소장
하이케 헤르만스 씀

목차

1장

푸코는 왜 성(Sexuality)을 권력의 문제로 보았는가?

차영길
(경상대학교 역사교육과 교수)

Ⅰ. 들어가는 말: 푸코와 『성의 역사』

기원전 5세기 아테네 출토 도자기

이 글에서는 푸코의 경우, 왜 성 (sexuality)을 권력의 문제로 보았는 가를 살피려 한다. 논의는 그의 『성 의 역사』[1]를 대상으로 하여 그리스 -로마의 성의 문제에 집중된다. 고 대 지중해 세계에서는 오늘날 사람 들의 눈으로는 쉽게 납득하기 힘든 유물이 도처에서 발견된다. 일상생 활에서 쓰이는 도자기에 새겨진 성인 남자가 어린 소년의 성기를 애 무하는 장면이나 애정표현이 그 사례들인데, 이른바 '동성애'의 묘사 가 너무 적나라하게 생활 깊숙이 파고들어 있을 뿐만 아니라, 너무 도 자연스럽게 묘사되어 있다. 이런 묘사를 어떻게 보아야 할까? 만 일 이런 표현들에 대해서 현대인의 시각이 아니라 고대 그리스인의 시각으로 볼 수 없다면 우리는 결코 그 시대를 정확하게 이해했다고 말하기 힘들 것이다. 성의 문제 역시 어느 시대를 대상으로 하든, 현 대적 관념이나 개념 틀 속에서 조망하거나 해석하는 경향이 흔히 있 는 접근방식이다. 그런데 기존의 이런 통상적인 접근방식과 달리, 현대의 껍질들을 떼어내고 당시의 생생한 모습 그 자체로 보려고 시 도한 인물이 있었다. 바로 미셀 푸코(Michel Foucault)이다.

푸코의 『성의 역사』(*Historie de la Sexualité*)가 전체 3권 시리즈로 발간된 이후, 고대 그리스-로마의 성의 문제를 보는 관점에도 사실 많은 변화가 초래되었다. 특히 최근에 미투 운동 등으로 성의 문제가 사회적으로 핫한 이슈가 된 상황에서 푸코의 관점, 즉 '성의 문제를 권력의 문제로 보는 것'이 다시금 주목을 끌고 있다.

그래서 이 글에서는 '푸코는 왜 성의 문제를 권력의 문제로 보았는가?' 하는 문제를 좀 더 쉽게 풀어보기 위해 다음의 몇몇 부분에 주목해보려고 한다. 첫째, 푸코 사상에서 성의 문제는 어떤 관심에서 출발한 것인가? 둘째, 푸코는 그리스-로마인의 성을 어떤 모습으로 설명하고 있는가? 셋째, 푸코의 이론과 설명방식이 다른 학자들에게는 어떻게 받아들여지고 있는가? 넷째, 푸코 이후에 남겨진 과제는 무엇인가?

II. 푸코는 왜 성의 문제를 다루었는가?

푸코는 1984년에 50대 중반의 나이로 요절을 했지만, 죽기 전에 10년 동안 『성의 역사』를 집필했다. 푸코는 연구 초기에는 르네상스나 중세 말까지만 거슬러 올라가 보면 현대적 관념의 성의 기원을 찾아볼 수 있으리라 판단했다고 한다. 그런데 고문서를 검토하면서 이런 계획은 크게 변경되어 성을 바라보는 시선의 기원은 결국 고대 그리스와 로마에까지 올라가야 한다는 생각을 가지게 되었다.

『성의 역사』를 집필하는 데 있어서 푸코의 기본 전제는 인간을 '욕망하는 존재'(desiring self)로 보는 것이다. 그런데 푸코는 고대 세계에서 성을 다루는 관점이 크게 2가지로 분리되어 있음을 발견하게 되었다. 하나는 그리스인과 같이 보다 나은 쾌락을 위해 '절제하는 태도'이고, 다른 하나는 로마인들처럼 보다 나은 자신을 위해 '금

욕하는 자세'였다. 푸코는 이 2가지가 한 시대에 병존해서 나타나는 것이 아니라, 시간이 가면서 '쾌락의 활용'에서 '자기 배려'로 변해가는 것으로 파악했다. 그리고 자신을 염려하는 성찰로서의 '자기 배려'가 결국에는 서양 사회에서 성을 쾌락의 기술이 아닌 하나의 현상으로 냉정하게 분석하는 기류를 낳게 한 것으로 생각하고, 그것이 근대적 성 관념의 본질이라고 보았다.

그렇다면, 푸코는 왜 성을 자신의 학문이 절정기에 달한 시기에 중심 연구 테마로 잡았는가? 그는 그것을 통해 무엇을 알아보려고 했던 것인가? 그리고 무엇을 이야기하고 싶었던 것인가? 한 가지 답은 『성의 역사』가 그의 전체 저술 활동에서 어떤 위치를 차지하고 있고 또 어떤 내용인가를 살펴봄으로써 알 수 있을 것이다.

먼저 『성의 역사』 전체 3권의 발간 시점을 보면, 제1권 '지식의 의지'가 출간된 1976년과 제2권 '쾌락의 활용' 및 제3권 '자기에의 배려'가 출간된 1984년 사이에 그의 사상편력에서 무언가 어떤 변화가 있었던 것으로 생각된다. 제1권은 『광기의 역사』(1961) 이래 자신의 주된 관심이었던 테마, 즉 '부르주아 사회의 제도들이 인간을 어떻게 종속시키고 있는가', 그리고 '그 종속구조의 모순을 지적하는 일이 인간해방 문제보다 더욱 시급한 과제'라는 생각에서 이루어진 일련의 저술활동의 결과이다. 제1권 '지식의 의지'에서는 18세기 이래 성에 대한 앎(지식)과 권력의 특수한 관계를 발전시켜 온 4가지 담론들—예컨대, (i) 여성 몸의 히스테리화, (ii) 어린이의 성에 대한 교육, (iii) 부부간의 성관계의 사회적 관리, (iv) 도착적 쾌락의 정신병으로의 분류—을 먼저 설명한다. 그리고 이것들이 힘(권력)의 관계라는 영역에서 성과 관련된 담론들을 생산하는 기능이 있었음을 보여준다. 한편, 8년 뒤인 1984년에 출간된 또다른 두 권의 책들, 즉 제2권 '쾌락의 활용'과 제3권 '자기에의 배려'에서는 주된 논의의 대상이 '사람들이 쾌락이란 경험을 통해 갖게 되는 자신에 대한 관심'이다.

1) 푸코의 성 담론의 전제

푸코의 성(sexuality)에 대한 기본 관점은 '과학적 연구의 대상이 될 만한 굳어진 성이란 존재하지 않는다'는 것이며, 그것은 언제나 '인간의 삶을 교차하고 있는 다양한 권력들 사이에 역사적으로 자리잡고 있다'고 보는 것이다. 이런 관점이 푸코의 『성의 역사』 전체를 관통하고 있다. 예컨대, 제1권(지식의 의지)은 권력과의 관계를 통해 성의 문제를 다루고, 제2권(쾌락의 활용)과 제3권(자기에의 배려)은 성과 개인과의 관계에 주목하고 있다.

푸코는 '쾌락의 활용'이란 문제를 다루면서 고대 그리스에서 만연했던 성인 남성과 소년 간의 사랑에 주목한다. 푸코는 고대 그리스에는 동성애에 대한 사랑과 이성에 대한 사랑 간에 어떤 명확한 구분이 없었다고 본다. 문제는 오직 그 사랑이 잘 절제된 것인가. 또 신중히 선택된 행위인가 하는 점이었다. 도덕적으로 문제가 되는 경우는 자유인이면서도 자신의 쾌락에 수동적으로 자신을 내맡기는 행위였다.[2]

> 그리스인들은 기독교 문화에서와는 달리 성행위를 그 자체로 악으로 규정한 것은 아니었으며, 그것의 비도덕성은 과잉과 수동성에 있다고 생각했다. 과잉과 수동성으로 인해 개인의 자기 자신과의 관계

나, 도덕적 주체로서의 존재를 방해하고 위협하기 때문에 성적 활동은 신중하게 실천되어야 했으며, 가장 큰 가치는 절제였다.[3]

푸코는 고대 그리스인들이 성과 관련된 행위에 대한 성찰을 통해 성행위를 하나의 도덕적 문제로 바라보았음을 보여준다. 푸코는 성을 억압된 것으로 보거나 금기에 입각한 어떤 체계로 보는 대신에, 자기 실천에 입각한 윤리적 문제라고 보았다. 이 점이 푸코가 성의 역사에서 전통이론, 특히 프로이드(Sigmund Freud)의 '억압가설'과 비교할 때, 가장 독창적인 부분이라 할 수 있다. 푸코는 다양하게 금지되어 온 성의 행동 양식이 윤리적 자기완성의 모티브로서 기능할 수 있음을 간파했던 것이다.

2) 성과 권력의 관계

그렇다면 푸코에게 있어서 성이란 어떤 대상이며, 또 그는 왜 쾌락이란 문제를 다루는가? 푸코 담론의 대상이 되는 '성'은 생물학적인 성으로서의 sex나 사회적 성으로서의 gender가 아니다. 그것은 '성적 정체성'으로의 sexuality이다. 푸코는 생물학적 성이나 남성/여성 구별로서의 젠더로서의 성이 아니라, 한 인간의 자기 정체성을 확인하는 매개로서의 '성적 정체성'에 관심이 있었다. 그런데 이런 의미에서의 성(sexuality)은 담론의 확산으로 그 본질이 파악되는 것이 아니라고 본다. 푸코는 이렇게 말한다.

"성은 감추어져 있는가? 새로운 수치심 때문에 숨겨져 있고, 부르주아 사회의 음침한 제약으로 인하여 은폐되어 있는가? 아니다, 그 반대이다. 성은 일찍이 수백 년 전부터 어마어마한 '궁금증의 대상' 한 가운데에 놓여 있었다. (…) 그래서 먼저 이렇게 물어야 한다. 성의 진실, 성에 들어 있는 진실에 대한 이 많은 뒷담화들은 도대체 무엇 때문인가?"[4]

이렇게 성을 들추거나 말해대는 것만으로는 문제의 본질을 파악할 수 없다는 것이 푸코의 생각이다. 성은 사회적으로 억압되어 있기 때문에 문제가 되는 것이 아니라, 오히려 일정한 틀에 따라 생산, 조절되기 때문에 문제가 된다는 것이다. 푸코는 '성은 억압되어 있다'고 폭로한 프로이드의 '억압가설' 뒤편으로 돌아가서 프로이드의 주장과 담론 그 자체를 문제 삼는다. 그래서 뒤에서 말리는 척하며 사실은 성의 이야기를 자꾸만 하도록 부추긴 어떤 세력의 정체가 무엇이었는가를 밝혀내고자 한다. 그는 분명하게 모습을 드러내지 않는 그 거대한 그림자를 서구 부르주아 문명을 이끈 권력 그 자체라고 결론짓는다. 그렇다면 그 권력이란 어떤 것인가?

푸코는 "인간 휴먼 자본의 축적을 물질 자본의 축적에 맞추어 조절하고 인간 집단의 증가를 생산력의 확대와 이윤의 차별적 배분에 결부시키기 위해 '생명(인간의 출생)'을 관리하는 생체권력(bio-pouvior)이 있다"고 본다. 그래서 '억압가설'에서 주장하듯이, 성의 해방이 인간 해방을 가져오는 것은 아니며, 오히려 권력이 성 해방 담론을 도구로 삼아 성 담론을 확산시킴으로써 자신의 지배체제를 더욱 공고히 한다는 것이 푸코의 생각이다. 그래서 '본래의 성'을 추구하는 태도는 성 담론의 확산이 아니라, 개인들이 성을 금지하는 권력에 맞서서 자신의 권리를 주장해야 하는 것이라고 푸코는 말한다.

"어떻게 해서 '본래의 성'이 성적 욕망에 종속되어 있는가를 밝혀야 한다. 성을 현실 쪽에, 그리고 성적 욕망을 환상과 불명료한 생각 쪽에 놓아서는 안 된다. 성적 욕망은 매우 실재적인 역사적 결과이며, 자체의 작동에 필요한 사변적 요소로서 성이란 개념을 생기게 한 것도 바로 성적 욕망이기 때문이다. (…) 성적 욕망의 억압에 대한 반격의 거점은 성-욕망이 아니라 육제-쾌락이어야 한다.5)

여기서 푸코의 성의 역사에 대한 목표가 무엇인지, 방법론적 지향점이 무엇인지 파악할 수 있다. 푸코는 상징적 차원에서 발생하는 욕망이 아니라 상징적 질서에 오염되지 않은 순수한 육체, 순수한 쾌락을 강조하고 싶어 한다. 진정한 해방은 순수한 육체의 차원에서 주어질 수 있는 것이며, 그것은 '상징계'가 아닌 '실재' 차원에서 그 답이 있다고 보았다. 그래서 그런 모델의 역사적 사례로서 그리스인들의 성을 살펴본 것이다.

3) 생체권력(bio-poivoir)의 실체

생체권력은 푸코가 '억압가설'에 반대하여 '생산가설'을 주장하는 과정에서 주목하게 된 권력의 한 형태이다. 17세기 이래 통제 관리의 주체로서의 권력은 인간의 생명에 대해 2가지 모습으로 개입했다고 한다. 첫 번째는 '규율'에 입각한 '인체의 관리'이다. 이는 신체를 하나의 기계로 보고, 신체의 훈육, 신체 특성의 최대한 활용, 신체의 착취, 신체의 유용성과 순응성의 증대 등 이 모든 것을 '규율'을 정해 놓은 권력의 절차 아래에서 추구하는 것이다. 두 번째는 '규칙적 통제'의 개념에 입각한 '인구의 관리'이다. 이것은 생명이란 관점 아래 인체를 파악하는 것으로, 인간의 출생・사망, 건강과 수명,

장수 등 제반 변화 조건들을 중심 테마로 다루는 것이다. 요컨대, 생체권력의 본질은 '신체의 규율'과 '인구의 조절'이다.

푸코는 18세기 말까지는 성에 관한 담론이 허가 또는 금지된 사항, 결혼과 부부간의 성관계에 초점을 맞추었다고 한다면, 19세기부터는 전혀 새로운 부분이 시작된다고 본다. 19세기 이후 성 담론은 허가/금지란 기존의 이분법에서 벗어나서, 성적 결합에 대한 규칙과 성적 욕구, 욕구 실현에서의 정상/비정상 방법 등과 같은 정당성의 문제에 집중했다는 것이다. 여기서 권력은 정상적인 성 담론을 통해 비정상의 성을 억압하는 방식으로 생체권력을 행사했다고 한다.

> 18~19세기에 일어난 담론의 폭발은 합법적인 결합을 중심으로 한 그 체계에 2가지 변화를 초래했다. 우선 이성애에 바탕을 둔 일부일처제로부터 멀어졌다. 합법적인 부부의 정상적인 성생활은 말 없는 규범들의 세계로 들어가고 그 대신 어린이들의 성적 욕망, 몽상, 광인과 범죄인의 성욕, 동성애자들의 쾌락, 사소한 편집증 등이 별개의 차원으로 자리 잡으며, 전면으로 부상하게 되었다.6)

이렇게 권력이 지배나 억압 효과를 극대화하고 지식을 만들어 내기에 가장 유효한 부분이 성 담론의 영역이었기 때문에, 근대사회는 '자연적 성'(sex)과 구별되는 '성 담론의 장치'(device of sexuality)를 고안해 내고 그것을 전략적으로 정교하게 만들었다고 푸코는 주장한다.7) 18세기 이래 성에 대한 앎(지식)과 권력이 특수한 억압기제를 만들기 위해 발전시킨 대표적 대상이 다음의 4부분, 즉 (i) 여성 신체의 히스테리화 (ii) 어린이에 대한 성교육 (iii) 부부관계의 사회적 관리 (iv) 도착적 쾌락의 정신병 만들기라는 것이다. 이렇게 권력은 다양한 성적 욕망의 사례들을 가지고 모든 불완전한 성생활(혹은 비정상 성생활)에 대해 병리학적 진단을 내리면서 성 담론을 관리하는 일을 독점했다는 것이 푸코의 분석이다. 18세기 후반 이후 유럽 사회가 점차 긍정적, 생산적 모습을 보여주는 것을 부정적 형식의 '억압가설'로는 설명하기 힘들 것이라는 것이 푸코의 판단이다. 이처럼 성이란 생산적이고 교정적인 권력의 산물이라고 보는 것이 『성의 역사』, 제1권(지식의 의지)의 주된 논지이다.

III. 푸코는 성을 어떻게 설명하고 있는가?

이제 푸코의 고대사회를 대상으로 한 설명을 보자. 푸코는 고대 그리스인의 경우, 성적 쾌락을 그 자체로 '악(惡)'으로 본 것은 아니며, 성적 행위에 대한 허용과 금지를 엄격히 규제하기보다는 개개인의 '절제'를 중시했다는 점에 주목한다.[8] 푸코는 아리스토텔레스의 다음 말에 주목한다.

> "모든 사람은 어느 정도는 음식과 술과 사랑에서 쾌락을 얻는다. 그러나 누구나 적절하게 쾌락을 얻는 것은 아니다."[9]

그래서 무절제한 것은 과도한 것이며, "그것이 비난받는 것이다." 아프로디테의 행위는 기독교의 원죄에도 정신분석학의 대상에도 속하는 것이 아니며, 그것은 도덕에 속하는 것도 아니다. 그것은 자연스러운 것이며, 판단의 기준은 '절제'일 뿐이다. 이러한 실천에는 동성애/이성애가 구별되지 않았다. 미소년이나 미녀에 대한 욕망은 둘 다 자연스러운 것으로 생각되었다. 진정 중요한 것은 그 대상이 누구인가 하는 것이 아니라, 얼마나 기품 있고 자유로운 인간으로 각자가 행동하는가 하는 것이었다. 자신의 성을 관리하는 것은 바로 자신의 삶과 행동을 관리하는 것으로서, 이는 기독교의 경우처럼 인간을 욕망에 사로잡힌 어떤 선험적 존재로 파악하는 것이 아니라, 자신을 스스로의 삶의 하나의 주체로서 새롭게 보려는 존재론이다.[10] 요컨대, '절제하는' 성적 행위가 자신의 신체에 대해 스스로가 주체가 되게 만드는 자유의 행사라는 것이다.

푸코는 로마 제국에 이르러, 기원후 1세기와 2세기 동안에 그리스적 '쾌락의 활용'에 대한 생각이 변화한다고 보았다. 하나는 쾌락의 활용이 점차 부부관계 내로 국한되면서 혼외관계의 배제, 부부의 상호 쾌락에 바탕을 둔 부부간의 정절이 강조된다는 것이고, 다른 하나는 소년 동성애가 '점점 더 약화되어' 일종의 부부 중심의 사랑으로 옮겨 간다는 것이다. 푸코는 이렇게 말한다. "기원후 1, 2세기 동안의 성에 대한 생각은 엄격함이란 요소가 어느 정도 강화된 것으로 보인다. (…) 양생술과 건강을 문제 삼는 태도, 성행위와 몸의 건강의 상호관계에 대한 보다 상세한 규정 등 기존 주제들의 변화를 통해서 자기 배려에 대한 관심이 높아지는 삶의 태도가 발전한다." 이렇게 그리스-로마인들이 '자기와의 관계강화를 통해 스스로의 주체'가 되려고 하였던 반면에, 중세 기독교인들은 물질적 삶의 유한성을 타락으로 보고, 육체의 쾌락을 악으로 파악함으로써 '개인으로서의 인간의 삶'을 어떤 규칙으로 만들어진 도덕률에 묶어두려고 했다는 것이 푸코의 생각이다. 이처럼 그리스-로마와 중세 기독교 사이에 성에 대한 관념의 단절이 보이는데, 현대인의 주체적 삶에 대한 어떤 물음에 대하여 그 해답을 그리스-로마의 성에 대한 관념으로부터 찾을 수 있다고 보는 것이 푸코의 생각이다. 그는 이렇게 말한다.

> "내가 고대에 관심을 가졌다면, 그것은 여러 이유로 인해 보편적 규칙을 따르는 것이 도덕이라는 생각이 사라지고 있고, 또 이미 사라졌기 때문이다. 그래서 '존재의 미학'(주체적 삶의 태도)에 대한 탐구라는 것은 그러한 부재(중세적 또는 빅토리아 시대의 규제들의 사라짐)에 답하는 과정이며, 또 답해야 하기 때문이다."

Ⅳ. 푸코 이후 성 담론은 어떻게 변화하고 있는가?

이러한 푸코의 생각은 그의 『성의 역사』를 다룬 세 권의 저서와 더불어 프랑스뿐만 아니라 미국을 비롯한 영어권 전반의 인문학 연구에 대단한 관심과 논쟁을 불러일으켰다. 특히 제2권 '쾌락의 활용'과 제3권 '자기에의 배려'는 물론 제1권에서 고대 세계를 대상으로 하여 주장한 이론은 당연히 여러 곳에서 반향을 불러일으켰다. 예컨대, 섹슈얼리티로서의 성은 19세기 이전에는 전혀 사회·문화적 실체가 없었던 근대의 산물일 뿐이며, 동성애·이성애·양성애란 개념들 역시 모두 근대의 창안이고, 그리스 로마의 성적 경험에 적용될 경우 전혀 의미가 없다는 것이다. 푸코의 이러한 주장 이후에 벌어진 논쟁은 대략 3가지로 압축된다. 첫 번째는 적극 지지 입장의 학자들이 보이는 경향이다. 이들은 푸코의 이론(해석)을 수용하여 연구 주제의 폭을 확대하거나, 또는 푸코가 다루지 못한 사례들을 각

학문 분야의 풍부한 전문 정보로 보완하고 있다. 두 번째는 비판적 입장인데, 이 경우에도 2가지로 구분된다. 푸코가 놓쳐 버린 과거의 증거에 주목하여 사료 선택의 자의성을 비판하거나, 또는 시대 간의 차이성, 특히 고대와 현대의 차별성을 지적한다. 그리고 이론적 측면에 대한 비판은 페미니스트 역사가들에게서 가장 강력하게 제기된다. 세 번째는 푸코에 대한 비판적 극복이란 입장이 있다. 푸코가 제기한 이론의 장점을 한편으로 인정하면서도 그것이 지닌 한계성이 드러날 때 거기서 파생된 문제점들을 새롭게 다루어 보는 것이다. 이상의 3가지 경향성을 좀 더 구체적으로 살펴보면 대략 다음과 같다.

1) 푸코 이론의 수용

푸코 이론에 가장 긍정적인 역사가는 데이비드 핼퍼린(D.Halperin)이다. 그는『지난 100년간 호모섹슈얼리티 논쟁과 그리스적 사랑을 다룬 글들』에서 푸코 이론을 상세하게 분석하면서 그 결과를 그리스인의 성 담론에 대한 보다 광범한 논의를 위한 자료로 활용하고 있다.[11] 존 윈클러(J.Winkler) 역시 푸코 수용자인데, 호모 섹슈얼리티를 포함하여 성이란 하나의 실체라기보다 하나의 사회적 산물이란 관점을 취한다.[12] 그리고 핼퍼린과 윈클러 등 여러 학자의 글을 모아 편집한 책이 잇따라 출간되면서, 그리스-로마의 성의 다양한 측면들을 푸코의 관점에 따라 재조명하는 작업도 이루어졌다.[13] 1990년에 이르면,『성의 역사』발간 초기에 푸코의 문헌학적 지식의 부족함을 질타했던 비판들도 어느 정도 수그러들게 된다. 1994년에는 핼퍼린이 성적 쾌락의 대상으로서 소년과 여성이 과연 어떤 상대적 이점이 있었는가 하는 문제를 기원 2세기 그리스 기록을 분석한 연구를 통해 푸코 이론, 즉 현대의 이성애와 동성애란 구분이 고대에는 전혀 의미가 없었다는 점을 실증적으로 보여준다.14) 핼퍼린은 인간의 몸이란 어떤 선험적 성적 정체성에 따라 반응하는 것이 아니라, 인간이란 존재 자체가 하나의 문화적 코드 안에서 신체를 포함한 다양한 유인들에 이끌린다고 지적한다. 이런 시각에서 그리스로마의 성 정체성의 특징을 찾으려고 했던 핼퍼린이 분석한 바로는 근대적 의미의 성 담론 같은 것은 기원 2세기 그리스 작가의 글에서는 찾아보기 힘들다고 한다. 이런 푸코 류의 연구의 요점은 대략 다음과 같다.

> 고전기 아테네에서의 성(sex)은 비록 일시적이라 하더라도 관련 당사자들의 사회적 아이덴티티를 내보이지 않은 채, 단지 상호 간의 즐거움만을 추구하는 어떤 사적인 욕구의 결합인 것은 아니다. 오히려 성은 개인적 신분이나 사회적 아이덴티티를 외부로 표출하는 모습을 보이고 있다. 성적 행위도 내면의 욕구를 표현하는 것이라기보다 오히려 계서적인 구조를 지닌 아테네 사회의 신분질서에 맞게 그 질서 안에서 자리 잡아가는 과정을 보여준다.15)

그러나 이런 적극적이면서도 설득력 있는 옹호론에도 불구하고 푸코의 성 담론은 여전히 논란의 소용돌이에 휩싸여 있었다. 물론 푸코가 인용하지 않은 문헌학적 결함을 메우려는 시도도 있었다. 기원전 6세기 그리스 시에서 성인 남성의 미소년에 대한 사랑을 노래한 시 구절에 주목한 연구도 있었고, 고대의 포르노그라피에 대한 조사를 진행한 사례들 중에서는 푸코가 다루지 않은 자료를 이용함으로써 결국 푸코의 공헌을 밝히는 데 기여한 경우도 있었다.[16] 그리고 고대의 여성 동성애 문제를 다룬 연구들 역시 현재 우리가 가지고 있는 성의 범주들이 근대의 산물이란 푸코의 시각을 공유함으로써 이루어낸 성과들이었다.[17]

2) 푸코에 대한 비판론

푸코에 대한 보다 신랄한 비판은 방법론과 사료 해석 문제에서 제기되었다. 가장 먼저 제기된 것은 사료 선택의 자의성이란 문제이다. 이것은 그리스-로마의 성의 문제를 전반적으로 개관하기 위해서는 필수적인 핵심 증거들을 배제한 결함을 지적한 것으로, 사료 선택의 불완전성에 대한 비판이다. 사이먼 골드힐(S.Goldhill)은 푸코가 고대 기록 중, 논쟁의 소지가 있는 부분을 무책임하게 확대 해석했다고 본다. 푸코는 그리스-로마 기록의 메시지가 지니는 문제점을 분석하려고 하기보다 그 메시지들을 이론화하는 데에만 초점을 맞추고 있다는 것이다. 그 결과, 사료에 대한 피상적 고찰로 인해 문학 작품이 늘상 지니는 과장과 허구를 간과하고 푸코는 '남성적 욕구란 지나치게 단순화된 관점'을 만들어 놓고 있다고 비판한다.[18]

고대와 현대 사이의 성 범주와 행위의 차이에 관한 지적은 사회사가인 데이비드 코헨(David Cohen)이 시작했다. 푸코의 잘못은 어떤 규범이나 가치를 부정하려는 해석상의 문제가 아니라, 오히려 '능동적/수동적' 또는 '과도함/절제'란 이분법에 의존하기 때문이라고 본다. 푸코가 그리스 문화에서 인간의 애욕이란 자연스러운 것이란 점과, 이성애/동성애란 기준이나 그것의 규범화가 존재하지 않았다는 사실을 발견하는 데 지나치게 집중하다 보니, 그 과정에서 여러 설명들이 너무 천편일률적이거나 뒤죽박죽이 되었다고 본다.[19] 이처럼 푸코의 고대 문화에 대한 이해 부족을 지적하는 글들은 여러 곳에서 거듭된다. 여기서 푸코가 제정기 로마의 결혼을 '비교적 동등한' 결혼 관계라고 묘사한 부분에 대해 그런 표현은 계서적 구조를 가진 로마의 결혼 관념을 간과한 것이란 비난 역시 빼놓을 수 없다.[20]

한편, 푸코의 그리스-로마 성 담론에 대한 이론적 비판은 페미니스트 연구자들에게서 가장 신랄하게 제기되었다. 푸코 이전에 고대의 성에 관해 학술적 관심을 불러일으킨 것은 1970년대 이래의 페미니스트 역사가들의 공헌이었다. 1973년에 고대사 전문학술지 『아레투사』(*Arethusa*)에서 특집으로 "고대 그리스와 로마의 여성"이란 주제를 다루었고, 그 2년 뒤 사라 폼머로이(Sara Pomeroy)의 『여신, 창녀, 아내 그리고 노예들』(*Goddesses, Whores, Wives and Slaves*)이 출간되면서 페미니즘 연구의 붐이 일어났다.[21] 일단의 학자들이 폼머로이의 연구 방향을 추종하기도 하고 더욱 정교하게 보완하는 작업도 이어지면서 고대 여성 문제를 역사화 하기란 새로운 단계가 펼쳐지게 되었다. 비교적 최근에 와서는 보다 적극적인 학자들이[22] 훨씬 노골적으로 페미니즘의 관점에 서서 기존 연구를 비판하거나 고대 문헌을 해석하기 시작하면서 이제 고대의 여성 문제에 관해서는 하나의 학파로서 페미니스트 연구란 유형이 자리 잡았다고 할 수 있다.

이들 중의 대표주자라 할 수 있는 리슬린(A.Richlin)은 수정주의적 관점과 페미니스트 활동가의 입장을 과감하게 내보인다. 수정주의적 관점이란 고대의 여성을 가능한 한, 진실되고 적극적인 존재로 '보이게' 하려는 것이고, 페미니스트 활동가의 입장이란 고대의 여성

관련 기록을 기존의 역사학계의 통념을 깨뜨리는 데 활용하면서 동시에 그런 연구 성과를 교육에도 활용하는 것이다.[23] 이런 접근방법은 관련 분야, 특히 젠더(Gender) 연구, 즉 고대 그리스-로마 문화에서 여성과 남성이 어떻게 이미지화하고 사회적으로 규정되는지를 다루는 데에도 크게 영향을 미치고 있다. 게다가 인터넷 시대에는 그러한 방향성을 아카데미즘의 영역에서뿐만 아니라 대중과의 소통이란 측면에서도 동시에 달성하려는 인터넷 사이트 역시 생겨나고 있다. 1995년에 출범한 '디오티마'(Diotima) 사이트가 대표적이다.[24] 이렇게 고전학 분야에서 페미니스트 연구는 여성 문제를 이해하는 데 있어서 그것이 설령 고대란 먼 시간의 차이가 있다고 하더라도 단지 문헌에 새겨진 글자 그대로의 의미가 아니라, 당시 여성의 '생생한 삶'의 체험을 현재 속으로 끌어들일 수 있도록 접근해야 한다는 새로운 방향성을 요구하고 있다.[25]

고전학 분야에서 이런 입장의 정점에 서 있는 페미니스트 학자가 리슬린이다. 그녀는 푸코 추종자들이 아이디어와 학설 정립 과정에서 페미니즘 연구로부터 많은 도움을 받았음에도 불구하고, 오히려 페미니스트의 공헌을 무시하거나 과소평가하는 경향이 있다고 생각한다. 이런 판단에서 푸코 추종 학자들의 초점이 '남성 동성애'(male homosexuality)에 맞추어져 있다고 비판한다. 예컨대, 헬퍼린이 다루는 호모섹슈얼리티란 마치 푸코 책의 섹슈얼리티가 단지 남성의 성이 그 전부인듯이, 단지 남성 동성애에만 국한되어 있다는 것이다. 또한 리슬린은 푸코와 그의 추종자들에게 있어서 연구대상으로 설정된 사례들은 마치 현대의 우리와는 전혀 다른 곳에 위치한 듯이 의미부여되거나 표본집단화 되는 경향이 있다고 비판한다. 이런 이론적 취약점은 특히 윈클러의 경우에 특히 심각하다고 한다. 윈클러의 경우, 아테네에 대하여 다양성이 강한 '고대적' 혹은 '지중해적' 문화라는 표현을 사용하여 설명하고 있는데, 이것은 본래의 모습을 애매하게 할 뿐만 아니라, 또한 현대의 지중해 문화와 동시대적으로 대비시키려 하기도 하고, 현대의 서유럽 문화의 마치 정반대에 놓인 듯이 대칭시키려고 하는 시도 역시 엿보이므로 이런 접근은 상당히 심각한 문제점을 보인다고 말한다. 게다가 푸코의 이론적 함의를 로마 제국에는 적용시켜 보지 않은 채, 단지 그리스, 특히 아테네의 문화에만 집중하여 살펴보려는 것 역시 문제점이라고 본다. 그리고 리슬린은 "동성애와 이성애가 근대, 즉 서구 부르주아의 창안물이며, 그와 유사한 것이 그리스-로마에서는 발견되지 않는다"는 전제에 대해서도 인정하기 힘들다는 입장을 취한다.

3) 새로운 연구 주제의 대두

어떤 특정 부분과 관련하여 일부 논거가 옳고 그름이 있다 하더라도 하여튼 푸코의 『성의 역사』가 권력과 성 및 주체의 문제와 관련하여, 그 대상이 고대이든 현대이든 간에 분명 근본적인 발상의 전환을 가져온 것은 사실이다. 이런 맥락에서 새로운 진실의 추구를 지향하는 역사 연구도 발전하고 있으며, 이 과정에서 새로운 연구 주제들도 대두하고 있다. 특히 페미니즘의 푸코 비판과 관련된 부분에서 새로운 시도가 많이 엿보인다. 페미니즘 연구가 고대의 성 문제와 관련하여 푸코 이론에 가장 비판적인 것은 사실이지만, 두 이론이 대립하기만 하는 것은 아니다. 오히려 상호 간에 영향을 주고 받으면서 고대의 성 문제에 대한 관심의 환기와 연구를 촉진하기도 한다. 푸코의 저서와 그의 추종자들의 연구들이 본질적으로 갖게 되는 논쟁성에도 불구하고, 그 성과들은 그리스-로마의 섹슈얼리티 문제에 놀랄 만한 학술적 관심을 불러일으켰고, 특히 페미니스트 연구와 게이 연구는 현재 그 분야에서 매우 도전적인 성과들을 쏟아 놓고 있는 것으로 보인다.26)

V. 나가는 말: 푸코의 담론은 계속된다

푸코의『성의 역사』에 대한 평가는 다양하다. 푸코가 자신의 이론의 중요한 바탕인 스토아 학파에 대한 설명에서 일관성이 결여되어 있다고 하거나, 또 사료 인용에서 오류가 있다는 실증성 문제 및 그의 '존재의 미학'이란 가설이 과연 성 어거스틴의 '자유의지'나 칸트의 '실천이성'처럼 어떤 보편성을 지닐 수 있는 개념인가 하는 비판에 이르기까지 다양한 문제점이 지적되는 것도 사실이다. 또 해체주의자로서의 푸코는 근대세계 바깥으로 도피하려 한다든지, 도구적 이성 대신에 신비적 수단을 통해서만 접근 가능한 원리들로 자신의 탈 현대성을 정당화하려 한다는 지적도 있다.27) 물론 푸코 이론의 출발점이자 핵심인 권력(권력개념)이 너무 신비한 방식으로 움직이기 때문에 역사의 어떤 실체에 적용하기는 힘들다는 점, 또 젠더 문제나 '낭만적 사랑'을 다루지 않은 상태에서 과연 섹슈얼리티 담론을 논할 수 있는가 하는 비판도 있다.28) 물론 페미니즘 문제를 비롯한 몇몇 세부 주제에 대한 이론적 논거들 역시 비판의 도마 위에 올라 있다.

그러나 푸코의 시각과 방법론이 제기하는 신선한 자극은 섹슈얼리티 문제에만 국한되는 것이 아니라, 그것을 넘어서서 여러 다양한 영역에서 분명 새로운 시각과 신선한 영감을 던져주고 있는 것이 사실이다. 폴 벤느(P. Veynne)가 논평하였듯이, '역사학을 혁신한 현재의 역사가'란 평가는 아직도 유효한 것 같다. 기존의 편견과 통념의 껍질을 벗겨내고 '숨겨진 부분'을 '실제로 있는 그대로' 보려는 생각으로[29] 여러 학문에 파장을 던진 것은 분명 푸코의 실험정신일 것이다. 비록 실증성에서 다소간의 결함이 발견된다고 하더라도, 신선한 아이디어가 던지는 창의적인 발상의 메시지는 분명 많은 이들에게 자극이 되었다. 섹슈얼리티 문제 역시 그것이 핫한 영역으로 자리 잡은 현재의 시점에서 보면, 푸코의 성과 권력의 관계에 대한 착상은 분명 성의 문제를 접근하는 데 있어서 기존의 연구를 '혁신한' 새로운 시각과 새로운 분석틀을 제공한 것이다.

주

1) Historie de la Sexualité: La Volonté de Savoir, Gallimard, 1976; Historie de la Sexualité: L'Usages des Plaisirs, Gallimard, 1984; Historie de la Sexualité: Le Souci de Soi, Gallimard, 1984. 여기서는 이 세권을 중심으로 본다. 국문 번역본으로는 다음 세 권을 주로 참고하였다. 미셸 푸코, 이규현 옮김, 『성의 역사 1: 지식의 의지』, 나남출판사, 2004; 미셸 푸코, 신은영·문경자 옮김, 『성의 역사 2: 쾌락의 활용』, 나남출판사, 2004; 미셸 푸코, 이영목 옮김, 『성의 역사 3: 자기에의 배려』, 나남출판사, 2004.

2) 미셸 푸코, 신은영·문경자 역, 『성의 역사 2: 쾌락의 활용』, 나남출판사, p.203.

3) 위의 책, p.10.

4) 『성의 역사 1: 지식의 의지』, pp.30-31.

5) Ibid.

6) 『성의 역사 1: 지식의 의지』, p.56.

7) 조광제, 「미셸 푸코의 권력론」, 『시대와 철학』 2, 한국철학사상연구회, 1991, p.162.

8) 푸코는 '소년에 대한 사랑'에 대해 많은 부분을 할애하고 있으나, 여기서는 다루지 않는다. 그러나 푸코의 서술은 여기서 소개하는 논지와 일치한다.

9) 미셸 푸코, 문경자·신은영 역, 『성의 역사 2: 쾌락의 활용』, 나남출판사, 2004, p.69.

10) Halperin, Other Essays on GreeOne Hundred Years of Homosexuality and k Love, New York: Routledge, 1990.

11) Halperin, One Hundred Years of Homosexuality and Other Essays on Greek Love, New York: Routledge, 1990.

12) J.Winkler, The Constriants of Desire: The Anthropology of Sex and Gender in Ancient Greece, New York: Routledge, 1990.

13) D.Halperin, J.Winkler and F.Zeitlin eds., Before Sexuality: The Construction of Erotic Experience in the Ancient Greek World, Princeton U.P., 1990.

14) D. Halperin, "Historicizing the Subject of Desire: Sexual Preferences and Erotic Identies in the Pseudo-Lucianic Erotes", in Foucault and the Writing of History, ed. J.Goldstein, Oxford: Blackwell, 1994, pp.19-34.

15) Ibid., p.30.

16) L.Edmunds, "Foucault and Theognis", in Classical and Modern Literature, v.8, n.2, 1988, pp.79-81; M.Henry, "The Edible Woman: Athenaeus' Concept of the Pornographic", in Pornography and Representation in Greece and Rome, ed. by A.Richlin, Oxford U.P., 1992, pp.251-252.

17) C.Downing, Myths and Mysteries of Same-Sex Love, NewYork, Continuum,1991; E.Green, "Sappho, Foucault, and Women's Erotics", Arethusa, v.29, 1996, pp.1-14; A.Pellegrini, "There's No Place Like Home? Lesbian Studies and the Classics", in Tilting the Tower, ed. by L.Garber, London: Routledge, 1994, pp.70-82.

18) S.Goldhill, Foucault's Virginity, Cambridge U.P., 1995, p.161. 한편 골드힐은 푸코의 "욕망하는 존재"(desiring self)란 개념의 문헌적 근거에 대해서는 긍정적인 입장을 보인다.

Ibid., p.xi.

19) David Cohen, Law, Sexuality, and Society: the Enforcement of Morals in Classical Athens, Cambridge U.P., 1991, pp.172-173.

20) D. Cohen and R.Saller, "Foucault on Sexuality in Greco-Roman Antiquity", Foucault and the Writing of History, ed. by J. Goldstein, Oxford: Blackwell, 1994, pp.35-59. 로마 가족의 계서적 구조는 기본적으로 가부장권(patria potestas)에 예속된 가족 구성원으로 가족이 이루어지는데서 유래한다. 제국 초기에 들어와서 가장권이 완화되기는 하지만, 그것은 권한 행사의 범주에서의 완화 현상이지 그 기본적 구조가 변하는 것은 아니다. 자영길, 『억눌린 자의 역사』, 법문사, 2001, pp.58-60.

21) 물론 이 저작은 공개적으로 정치 선전이나 구호를 내건 것이 아닌 순수 학술연구이다. 그러나 이것이 미친 파장은 고대사 연구에서의 페미니스트적 관점과 관심의 대두를 예고하는 것이었다.

22) 고대의 성 문제에 대한 페미니즘의 연구 성과에 대한 가장 최근의 소개로는 M.Johnson and T.Ryan, Sexuality in Greek and Roman Society and Literature: A Sourcebook, London: Routledge, 2005, pp.9-10 참조.

23) Ibid., p.10.

24) 공식 명칭은 Diotima: Materials for the Study of Women and Gender in the Ancient World 사이트. 주소는 http://www.stoa.org/diotima

25) 그래서 페미니스트 관점은 너무 과거를 현대화하고 있다는 비판을 받는다. 그러나 여성사 및 여성 관련 문제에 대한 관심을 불러일으킨 것은 분명 이들의 공헌이다.

26) D.Larmour, P.Miller and C.Platter eds. Rethinking Sexuality: Foucault and Classical Antiquity, Princeton U.P., 1998, pp.17-22.

27) 윤평중, 『푸코와 하버마스를 넘어서』, 교보문고, 2002 참조.

28) 앤서니 기든스, 배은경·황정미 옮김, 『현대 사회의 성 사랑 에로티시즘』(새물결, 1996)의 제2장: "푸코와 섹슈얼리티"(pp.49-72) 참조.

29) 폴 벤느, 김현경·이상길 옮김, 『역사를 어떻게 쓰는가』, 새물결, 2004 중 "역사학을 혁신한 푸코": pp.453-508.

남성중심적 대학문화:
성차별과 성희롱·성폭력

이혜숙
(경상대학교 사회학과 교수)

Ⅰ. 성차별적 위계 구조와 대학

〈자료 1〉

모든 공적 장소가 그랬듯, 과거 대학 역시 남성의 전유물이었다. 시간이 흐르며 대학에 진학하는 여성이 늘어났지만 오랜 기간 동안 형성된 대학의 남성중심적 문화는 쉽게 바뀌지 않았다. 이에 대학 내 여성의 목소리를 대변하는 단체인 총여학생회(이하 총여)가 등장해 여성 인권을 위해 활동했다. 그러나 이는 과거의 일이다. 총여가 있었던 많은 대학에서 최근 총여가 자취를 감췄기 때문이다.

출처: 덕성여대신문(2014. 9. 11.)

연세대학교 총여학생회의 폐지가 결정되면서 서울 소재 대학에서 총여학생회의 활동은 더 이상 찾아볼 수 없게 됐다. 지난해 성균관대·동국대 총여학생회 폐지 흐름이 이어진 것이다. 성평등을 촉구하는 목소리가 한국사회 전면에 등장했지만 대학사회에서는 오히려 거꾸로 가는 양상이다. 총여학생회는 여학생들로 이루어진 학생회이자 자치기구다. 대학 내 여성주의 활동도 새로운 국면을 맞게 될 것으로 보인다.

출처: 여성신문(2019. 1. 17.)

위 자료는 "갈 곳 잃은 대학 내 여성의 목소리", "대학총여학생회 '전멸'…페미니즘 활동 어디로"라는 기사의 일부로, 사라져 가는 대학 내 총여학생회에 대한 글이다. 총여학생회는 왜 사라지게 됐을까? 총여학생회는 지금 정말 대학에 필요하지 않은 조직일까?

대학 내 총여학생회의 존립에 대해서는 의견이 갈리고 있다. 과거보다 여성이 대학에 많이 입학하고 총여학생회가 등장한 시기에 비해 현재 우리 사회의 여성 인권에 대한 의식이 높아졌기 때문에 더 이상 총여학생회가 필요하지 않다고 보는 것이다. 그러나 단톡방 성희롱 사건[1]이나 학내 미투 운동과 같이 여성이 피해받는 사건이 여전히 일어나고 있는 현실에서 진정 대학 내 성평등이 이루어졌다고 할 수 있을지 의문이다. 총여학생회가 자치 기구로서 존재하면 대학

내 여성문제에 대한 공식적인 담론을 보다 활발히 펼칠 수 있기 때문이다.

대학은 다른 사회에 비해 보수적이지 않고 좀 더 평등할 것이라 흔히 생각하지만 의식과 제도, 그리고 관행의 면에서 남성중심적 문화의 영향에서 크게 벗어나 있지 않은 것이 오늘날 대학의 현실이다. 대학이기에 오히려 성차별적 남성문화가 위계구조와 만나면서 묶인된 문제가 드러나지 못하고 있는 측면이 있는 것이다. 대학의 중심축인 교수사회는 인적 구성에 있어서 압도적으로 남성의 수가 많으며 조직 내 권력과 책임을 가진 대부분이 남성이다. 학생의 성별 구성을 보면 여학생의 비율이 거의 절반에 이르렀지만 과거의 남성중심적 문화가 남아 있다.[2] 이는 대학 전체의 성평등 의식과 성인지적 관점에 영향을 미치며 대학의 제도와 관행에 있어서 성차별이 존재할 가능성을 높게 하는 것이다.

여학생의 대학 진학률이 높은 현재에도 여전히 성차별적이고 남성중심적인 대학문화가 존재한다. 교수사회도 기본적으로 전통적인 성별 분리를 당연시하는 남성중심적 문화가 강하다. 그리고 이러한 남성중심적 성불평등과 부조리는 서로 연결되어 있다.

"대학에서조차 사람들은 서로 대등한 존재로서 대하고 대접받기보다는 위계적이고 불평등한 관행을 문화 혹은 예의라는 이름으로 정당화하면서 고민을 회피하며 그럭저럭 자연스럽게 받아들이고 또 그대로 답습하고 있는 것이고, 그런 실은 비정상적인 조건하에서 잘못된 것에 대한 발언과 비판이 억제되다 보니 기존의 것들과 다른 것에 대해 배타적인 것 역시 정당화되는 것이며, 나아가 성폭력과 같은 사태가 발생하는데도 그에 대해 제대로 파악하지도, 대처하지도 못하는 것이다"[3]

　이러한 대학의 남성중심성에 대해서 기존 연구들은 대학이 "다층적 여성배제 공간, 일상적 여성 침묵 공간, 남성중심적 문화 재생산 공간"[4]이며 폭력과 배제의 공간으로서의 "젠더차별적 대학문화"[5]가 존재함을 밝히고 있다. 『여성의 눈으로 본 대학사회와 젠더정치』[6]는 이러한 대학의 현황과 과제를 여러 측면에서 검토하였다. 이처럼 대학에서 성희롱·성폭력이 종종 일어나고 있으며 학생들의 전공영역 간 성불균형, 교내외 활동영역과 취업에서의 성차별, 교수임용과 보직 배치 및 위원회 등에서의 성차별이 존재하고 있다.

　　"학교 주요 3처 중 한 부처의 장을 맡았을 때 해당 부서의 직원들 중에는 '많고 많은 남교수를 두고 왜 하필 여교수냐?' 불만을 표출했다고 하고, '뭘 제대로 해내겠어?'라는 부정적 시각을 보이기도 했다…. 여교수에게 처음 주어진 기회이니 이후 다른 여교수들에게도 주요 보직의 기회가 주어지도록 하기 위해서 훨씬 더 노력했다."[7]

　　"최근 페미니즘 리부트(reboot, 재시동) 현상으로 신생 페미니즘 소모임이나 동아리가 만들어지고 있다. 그러나 여성주의 교지가 다량으로 쓰레기통에 버려지거나 페미니즘 이슈를 제기한 대자보가 찢기는 등 페미니스트들에 대한 노골적인 혐오 행동 또한 가시화되고 있다."[8]

　여러 가지 측면에서 대학의 위기가 논의되는 상황에서 성평등 이슈는 주목받지 못하고 주변화되어 있다. 그러나 성평등은 구성원들이 자신들의 역량을 최대한 발휘할 수 있게 하는 선행조건이며 대학은 성인지 관점을 내면화하고 실행할 수 있어야 한다. 이 글은 이러한 맥락에서 기존의 문헌자료들을 참조하여 교수 성비 불균형, 대학 성차별의 현주소와 성평등의식, 대학 내 성희롱·성폭력 실태 등의 검토를 통해 대학 페미니즘 실현을 위한 과제를 살펴보고자 한다.

II. 대학과 유리천장

1) 교수 성비 불균형

대학에서 교수 성비 불균형은 매우 크다. 여학생의 증가 속도에 비해 여교수 비율은 여전히 정체를 보이고 있다.[9] 2014년부터 2018년까지 연도별 국공립대 및 사립대에 재직 중인 전임교원 중 여성의 비율을 살펴보면 전체적으로 증가 추세에 있으나 국공립대와 사립대의 여교수 비율에는 차이가 존재한다. 전체 여교수의 비율은 2014년 23.8%에서 2018년 25.7%로 지속적으로 증가 추세에 있으며 국공립대학 여교수의 비율 역시 2014년 14.6%에서 2018년에는 16.6%로 증가하였고 사립대 또한 마찬가지로 2014년 26.5%에서 2018년 28.4%로 증가하였지만 여전히 30%에도 못 미치고 있고 사립대와 국공립대의 차이가 크다. 여교수의 비율을 저조하게 만드는 원인은 남성을 선호하는 대학 내 분위기, 여성에 치중되는 가사 및 돌봄 기능, 올드 보이즈 네트워크(Old Boys Network) 문화 등이다. 올드 보이즈 네트워크는 비공식적 네트워크를 통해 학교 남성 동문끼리 인사과정에 영향을 미치는 것을 말한다.[10] 국공립대의 낮은 여교수 비율은 우수한 여성 박사인력의 취업 기회 상실, 여학생의 역할모델 부족, 주요 보직과 위원회 등 학내 의사결정구조의 다양성 부족 등을 가져온다.

<표 1> 대학 여성교원 현황

(단위: 명, %)

		2014	2015	2016	2017	2018
전체	교원 수	87,754	89,802	89,974	90,501	89,895
	여성인원	20,902	21,941	22,356	22,830	23,133
	여성비율	**23.8**	**24.4**	**24.8**	**25.2**	**25.7**
국공립대	전체 수	19,751	19,945	20,175	20,296	20,406
	여성인원	2,891	3,002	3,141	3,237	3,390
	여성비율	**14.6**	**15.1**	**15.6**	**15.9**	**16.6**
사립대	전체 수	68,003	69,857	69,799	70,205	69,489
	여성인원	18,011	18,939	19,215	19,593	19,743
	여성비율	**26.5**	**27.1**	**27.5**	**27.9**	**28.4**

자료: 교육통계연보(2014-2018), 여기서는 배유경의 글[11]에서 재인용.

일반적으로 한 직장에서 여성의 비율이 적으면 여성들은 실질적인 힘을 지니지 못하고 상징적이고 명목적인 지위만을 가지게 된다. 대학문화가 개선되지 못하고 있는 이유 중의 하나는 교수사회에서 여교수의 비율이 낮아 그들의 영향력을 행사할 수 있는 "크리티컬 매스(critical mass)"[12]를 이루지 못하고 있기 때문이다. 실제로 대부분의 대학에서 성평등 이슈가 적극적으로 공론화되고 있지 않다.

"최근의 '미투 열풍'과 상대적으로 무관하게 우리 모두 크고 작은 젠더 문제들을 일상적으로 또 일생에 걸쳐 겪고 있는 상황에서 대학 또한 이 문제에 무관심할 수 없으며 그럴 수도 없다. 논리적으로! 그런데 우리 대학은 이 문제에 대해 거의 전혀 어떤 능동적 대응도 해오지 않았던(또는 못했던) 것으로 보인다."[13].

2) 대학 성평등 정책의 흐름

2001년 교육부는 여교수임용목표제라는 적극적 조치를 도입하여 국공립대의 경우 여교수 비율을 20%까지 늘리겠다는 목표를 설정하고, 1단계(2004년-2006년)와 2단계(2007년-2009년), 3단계(2010년-2012년), 4단계(2013년-2015년), 5단계(2016년-2018년)에 걸쳐 제도를 시행하였다.[14] 또한 매년 양성평등조치계획 추진실적을 교육부에 제출하는데 교육부는 평가지표에 따라 각 대학을 평가하고 그 결과에 따라 양성평등 우수대학을 선정하고 인센티브를 부여하여 왔다.

이처럼 대학과 관련한 성평등 정책은 국공립대를 중심으로 한 여교수임용목표제, 대학별 교원임용 양성평등추진위원회 설치, 양성평등조치계획 추진실적 보고서 평가를 통한 인센티브 제공, 차세대 여성지도자 육성을 위한 여대생 커리어센터 지원사업, 성희롱·성폭력 상담소의 설립 등을 중심으로 이루어져 왔으며 이러한 변화는 전반적인 한국 여성정책의 발전과 더불어 대학관련 여성이슈의 문제제기를 통하여 이루어진 성과라고 할 수 있다. 2016년에는 여교수 비율 등 교수 부문, 여학생 취업률이나 여학생 비율 등 학생 부분, 생리공결제 등 여성 보호 학칙 유무, 성폭력 예방교육 이슈율 등 여성 친화대학을 보여주는 10가지 지표를 활용해 여대를 제외한 4년제 대학 74곳을 처음으로 평가하기도 했다.[15]

그러나 국공립대를 중심으로 개별 대학들에게 '양성평등조치계획 보고서'를 매년 제출하도록 하고 일정한 평가에 의하여 인센티브를 제공하는 제도 도입은 대학의 자구노력과 인식개선을 가져온 성과는 있었다고 할 수 있지만 대학마다 편차가 크며 충분한 효과를 거두었다고 보기는 어렵다. 대학 관련 성평등 정책 노력들이 일부 대학 위주로 진행되고 있으며 전체 대학으로 파급되고 있다고 보기 어려운 것이다.16) 제2차 양성평등정책기본계획(2018년-2022년)에 국공립대 비율을 사립대학과의 격차를 줄일 수 있는 수준으로 상향하겠다는 계획이 있고 실태조사를 바탕으로 국공립대 여교수 비중을 2022년까지 18%, 장기적으로 25%로 높이는 정책을 할 예정인데17) 실제적으로 실현할 수 있도록 해야 한다.

III. 대학 성차별의 현주소와 성평등 의식

대학의 성주류화나 성평등 이슈는 대학교육의 질과 관련이 있을 뿐만 아니라 모든 연구 환경과 학습 환경이 제 기능을 원활하게 하는 것과도 관련이 있다. 성평등은 개인이 자신들의 역량을 최대한 발휘할 수 있게 하는 선행조건이며 대학은 성인지 관점을 내면화하고 실행할 수 있어야 한다. 그러나 대학은 여전히 남성들이 권력과 자원을 선점하고 주요한 메커니즘의 작동과정에서 여성들이 일정 부분 배제되고 있다. "학생들의 전공영역 간 성불균형, 교내외 활동 영역과 취업에서의 성차별, 교수임용과 보직 배치 및 위원회 등에서의 성불균형과 차별"18)이 존재하고 있다. 최고의 지성들을 키워내는 대학이 성평등적 사고와 행동의 모범이 되어야 하지만 실제로 대학은 의식과 제도, 그리고 관행에 있어서 성평등적이지 않은 측면이 적지 않다. 그 이유로는 무엇보다 대학사회의 인적 구성이 남성 위주로 구성되어 있음을 들 수 있다. 이러한 대학의 인적 구조는 대학 전체의 성평등 의식과 성인지적 관점에 영향을 미치며 이는 대학사회의 제도와 관행에 있어서 성차별이 존재할 가능성을 높게 하는 것이다. 여기에서는 필자가 참여한 연구결과[19]를 중심으로 대학내 성차별 현황과 성평등 의식을 살펴본다.

1) 대학 문화와 성차별

대학 내 성차별 현황을 우선 학내활동 영역과 관련한 성차별적 대학문화에 대한 인식 정도를 통해 살펴보면 '학내외 활동 기회가 남자가 많음' 16.3%, '남성 중심의 의사결정' 13.4%, '성별로 인한 제약' 5.9% 순으로 나타났다.

〈표 2〉 성차별적 대학문화('학내활동' 영역)

문항	전체(%)	남학생(%)	여학생(%)
학내외 활동 기회가 남자가 많음	16.3	14.0	19.1
남성 중심의 의사결정	13.4	10.8	16.4
성별로 인한 제약	5.9	5.9	5.9

자료: 이혜숙·서의훈·최정혜[20]

'수업 분위기 및 교수의 태도' 영역과 관련한 성차별적 대학문화는 '교수님의 불평등 대우' 22.5%, '학과 회식 때의 여학생 배제와 불편함' 9.9%, '성평등하지 않은 수업에 불편함' 8.3% 순으로 느끼고 있는 것으로 나타났다.

<표 3> 성차별적 대학문화('수업 분위기 및 교수의 태도' 영역)

문항	전체(%)	남학생(%)	여학생(%)
교수님의 불평등 대우	22.5	22.5	18.7
학과 회식 때의 여학생 배제	9.9	11.7	7.9
성평등하지 않은 수업에 불편함	8.3	10.7	5.6

자료: 이혜숙 · 서의훈 · 최정혜[21]

위 <표 2>와 <표 3>에서 흥미로운 점은 '학내활동' 영역에서는 여학생이 더 성차별을 느끼고 있지만 '수업 분위기 및 교수의 태도'에서는 남학생이 더 성차별을 느끼고 있어서 이 점은 추후 좀 더 세심하게 검토되어야 할 것이다.

2) 성평등의식

〈자료 2〉

<대학사회 성차별 발언>

· 여자는 집에서 설거지나 해야지.
· 여성은 남성보다 덜 발달된 존재다.
· 집안일은 여자가 하는 거고 남자는 돕는 거다.
· 여자는 과대 힘들 건데….
· 학회장은 남자가 해야 한다.
· 여성이 빠르게 출세하려면 이사장 아들을 꼬셔라.
· 여자가 어디 감히.
· 남성들이 과거에 전쟁과 같은 일들을 치렀기 때문에 여성보단 좀 더 우위에 있는 것은 당연하다.
· 나는 남성우월주의자이다. 남자는 동거해도 되지만 여자는 안 된다. 나중에 네 딸이 동거한다 해도 허락할 거냐, 뚱뚱한 여자는 노출 있는 옷 제발 안 입었으면 좋겠다.
· 여성 제자는 받지 않는다. 남성은 오랫동안 남아 있지만 여성은 가르쳐도 결혼하면 다 사라지기 때문이다.
· 여자는 일을 안 하고 집에서 애나 보는 것이 최고 행복의 길이다.
· 남자한테 꽃은 여자가 줘야지.

성평등의식은 어느 특정한 성에 대하여 부정적인 감정이나 고정관념, 차별적인 태도를 가지지 않고 생물학적 차이를 사회문화적 차이와 직결시키지 않는 것을 의미한다. 경상대 학생들의 경우를 보면 성평등의식은 10점 만점에 7.38점이다(여학생 7.50, 남학생 7.26). 이를 하위영역별로 보면 문·이과, 대학 구분에서 유의미한 차이가 나타났다. 즉 문과 학생의 일반적인 성평등 의식이 이과 학생들보다 높게 나타났다. 또한 대학 구분에서 여학생 비율이 높은 대학 학생들이 남녀 비율이 같거나 남학생 비율이 높은 대학 학생들보다 유의미하게 성평등의식이 높은 것으로 나타났다.[23] 대학생들의 일반적인 성평등의식을 성차 고정관념 영역과 남성 우월의식으로 좀 더 세분해서 구분하여 보면 다음과 같다.

우선 성차 고정관념 영역과 관련된 문항을 살펴보면 성차 고정관념은 '여성이 꼼꼼, 세심하여 가사일 및 자녀 돌봄을 잘함'이 56.1%, '여성의 통솔력 부족' 21.3%, '남성의 기획·추진능력의 우수성' 17.9%, '여성의 과학 능력 부족' 14.5% 순으로 고정관념을 가지고 있는 것으로 나타났다.

<표 4> 성차 고정관념

문항	전체(%)	남학생(%)	여학생(%)
여성이 꼼꼼, 세심하여 가사일 및 자녀 돌봄을 잘함	56.1	55.8	56.4
남성은 이성적, 여성은 감성적	39.4	36	43.2
여성의 통솔력 부족	21.3	27.1	14.8
남성의 기획·추진능력의 우수성	17.9	23.6	11.5
여성의 과학 능력 부족	14.5	13.1	16.1

자료: 이혜숙·서의훈·최정혜[24]

남성 우월의식과 관련된 문항을 살펴보면 '사장이라면 남성 선발'
이 22.8%, '학과 대표는 남성이 되어야 함' 17.8%, '남성의 학벌이
높아야 함' 15.9%, '여성의 직업의식이 낮음' 10.7%, '남녀 관계에서
여성이 나서지 말 것' 6.0% 순으로 나타났다.

<표 5> 남성 우월의식

문항	전체(%)	남학생(%)	여학생(%)
사장이라면 남성 선발	22.8	24.7	20.6
학과 대표는 남성이 되어야 함	17.8	17.8	17.7
남성의 학벌이 높아야 함	15.9	19.2	12.1
여성의 직업의식이 낮음	10.7	11.7	9.5
남녀 관계에서 여성이 나서지 말 것	6.0	6.7	5.2

자료: 이혜숙·서의훈·최정혜[25]

Ⅳ. 불편한 진실: 대학 내 성희롱·성폭력

〈자료 3〉

징계를 받은 남학생들은 지난해까지 매년 진행된 서울교대 국어교육과 남자 재학생과 남자 졸업생들의 대면식 행사에서 남자 졸업생들에게 제출할 목적으로 새내기 여학생들의 얼굴, 나이, 동아리 활동 등 개인정보가 담긴 책자를 만들었다. 이후 남자 졸업생들은 남자 재학생들에게 마음에 드는 여학생의 이름을 말하게 하고 얼굴에 대한 평가를 종이에 작성하도록 했다. 남자 재학생들은 이 평가를 바탕으로 여학생들의 외모 등수를 매기는 등의 집단 성희롱을 했다.

출처: 서울신문(2019. 5. 11.)

성폭력 폭로의 불길은 대학가로도 번져, 동덕여대, 서울대, 성균관대, 중앙대 등 장소를 가리지 않고 피해자들의 용기 있는 고발을 이끌어냈다. "나도 겪었다"를 넘어 "함께 하겠다"는 위드유의 외침은 학교 구성원들 사이에 "가해자 교수 파면"이라는 공동요구를 만들어 나갔다. 대학 구성원들의 요구에 학교의 반응은 미지근했다. 교수의 권력은 그만큼 대학 내 절대적인 것이었으며 노골적인 '힘'의 작동 원리에 의해 학생들의 목소리는 묵살되었다. 대학은 해당 교수에게 정직 몇 개월, 권고 등의 솜방망이 처벌을 내려 구성원들의 분노를 잠재우려 했다. 또 성폭력을 조사하고 징계하는 과정에서 정교수가 아닌 타 구성원들의 참여는 철저히 배제되면서 대학 구성원이지만 대학 운영에는 절대로 참여할 수 없는 구성원들 간의 기울어진 '권력지도'를 여실히 확인시켜 줬다.

출처: 프레시안(2018. 6. 28.)

대학 내 성희롱·성폭력 사건에 대해서는 종종 알려져 왔다.[26] 수업시간에서 교수의 상습적인 성추행, 축제기간 중 후배에 대한 성폭행, '몰카' 성추행 등의 내용이 보도되어 충격을 주었으며 최근에는 신입생이나 졸업생을 위한 행사에서의 성희롱, 단톡방 성희롱 등이 알려져 그 심각함을 드러내고 있다. 실제로 전국 대학생 5,555명을 대상으로 한 설문지 조사 결과를 보면 1년 동안 22.5%인 1,248명이 성희롱을 경험했다고 답했다. 이 중 여학생의 성희롱 피해는 전체

여학생 3,028명중 26.7%에 해당된다.27) 경상대의 경우도 조사대상자 649명의 학생들 중 31.1%인 202명의 학생들이 재학 동안 한 번 이상의 성희롱·성폭력 피해 경험이 있음을 보여 주었다. 여학생은 305명 중 121명인 39.7%가, 남학생은 344명 중 81명인 23.5%가 성희롱·성폭력 피해 경험이 있어서 여학생 피해자가 많았다.28)

교수-학생 간 성희롱·성폭력 사건도 알려지고 있다. 1993년 한국 최초의 성희롱 사건이 일어날 때도 그 발생 장소는 대학이었다. 2016년 2월까지 대학에서 발생한 성희롱·성폭력 사건에 관한 판례 175개 중 163개(93.1%)가 교수가 성희롱했다고 혐의를 받은 사건 판례다.29) "'이제라도 말해야 합니다' 대학가로 번진 성폭력·여성혐오 고발"30)이라는 기사 제목처럼 그동안 은폐되어 있었던 내용들이 지금 드러나는 것이라 볼 수 있다. 그렇지만 여전히 드러나지 못하고 있는 부분이 많으며 "교수 성폭력, 학생들은 절차에 따라 배제됐다."31) "'대학 미투' 대하는 학교 측의 '천하 제일 궤변대회'",32) "'페미는 정신병'? 지성의 보루라는 대학의 실상입니다"33)라는 신문기사의 제목처럼 그 처리 과정은 순조롭지 못하다. 최근에 진행되었던 서울대 '교수 갑질' 성희롱 사건 대응 활동을 다루었던 다음의 글도 이러한 상황을 잘 보여준다.

> "해당 사건에서 학생·직원들은 남성 교수의 자의적 권한 남용으로 인해 다양한 성차별적 괴롭힘과 인권침해를 겪었다. 피해는 지도와 교육의 논리로 정당화되었고 교수-권력이 강고한 대학과 학계 문화에서 침묵되고 있었다. 대책위 활동은 이를 문제시하며 사건을 공론화했고 제도적 처리 절차를 거쳤다. 이 과정에서 교수 중심의 비민주적, 비대칭적 징계 관행의 모순이 드러났고 처리 제도의 한계가

지적되었다"[34]

박찬성의 연구에 따르면 대학에서 교수-학생 간 발생하는 성폭력·성희롱 사건에는 몇 가지 특징이 있다. 사건은 강의실이나 연구실에서 발생하는데 가해자는 가해 사실을 전면 부인하거나 사실관계를 인정하는 경우에도 '성적 의도는 없었다.', 친밀감 표현인 '농담'이라고 주장한다. 피해자들은 가해 교수에게 거부 의사를 표현하지 못하며 사건 해결 과정에서 대학의 보호나 배려를 받지 못한다고 느낀다. 광범위한 성폭력을 인지하고도 방관하거나 묵인하는 주변의 분위기는 2차 피해를 키운다.[35]

〈자료 4〉

대학교 권력형 성희롱·성폭력 사안이 공유하고 있는 여러 특성들

· 대학교에서의 성희롱·성폭력이 발생하는 공간은 학내외를 불문하여 학내 강의실이나 연구실에서도 문제가 종종 발생한다.
· 성희롱·성폭력의 계기를 마련하기 위한 목적에서 의도적으로 학회에서의 사적 만남 자리를 요구하는 경우도 발견되고 있다
· 가해자로 지목된 이들은 문제되고 있는 가해 사실을 전체적으로 부인하거나 기억이 잘 나지 않는다는 취지로 진술하는 경우가 많다.
· 사실관계 자체에 대해서는 인정하더라도 그 행위에 성적 의도가 없었다거나 자신의 언동이 친밀감·유대감 등의 표현인 농담, 행동이었을 뿐 성적 불쾌감을 유발할 것으로는 전혀 생각지 못했다는 주장도 일반적으로 자주 나타나고 있는 특성 가운데 하나이다.
· 성적 의도가 전혀 없었다고 주장하는 동시에 당사자 자신의 우월적 지위, 신분 자체를 부인하면서 상대방이 당사자 자신으로부터 권력적 위압감을 받았을 리 없다고 강변하는 경우도 있다.
· 성희롱·성폭력 행위가 발생했더라도 피해자로서는 심지어 자신이 성희롱 등 피해를 입었다는 사실조차 제대로 파악하지 못하는 경우가 있으며 설령 그 사실을 즉시 인지했더라도 그 자리에서 거부 의사를 직접 표현하지 못하는 경우가 대부분이다.
· 피해자들은 공포심에 휩싸여 해당 성희롱·성폭력 사안에 관한 문제제기하는 것조

차 두려워하기도 하며 심지어 사건 해결에 필요한 절차에 대해서도 협조하기를 주저하는 모습을 보일 수도 있다.
· 피해자들은 자신이 속한 대학교로부터 충분한 보호와 배려를 받지 못하고 있다고 느끼는 경우가 많다.
· 교수에 의하여 발생하는 권력형 성희롱·성폭력의 경우 그 문제가 수면 위로 불거지기 훨씬 이전부터 해당 교수/강사 주변에서는 해당 교수/강사의 문제되는 언동에 관하여 광범위하게 인지하고 있는 경우가 많다. 이를 알고도 방관 또는 묵인하는 주변의 분위기 그 자체는 피해자에 대한 2차 피해를 발생케 하는 원인으로 작용하기도 한다.

출처: 박찬성[36]

교수-학생의 관계는 학점, 논문지도, 나아가 진로와 고용기회를 좌우할 수 있기 때문에 위력이 작용하게 되고 이 점에서는 학부생보다 오히려 대학원생이 취약한 위치에 놓이게 된다. 교수-대학원생 간에 발생한 사건은 그 기간도 길고 반복적으로 피해에 노출되는 경우가 많았다. 대학원생이 피해자인 경우 자신의 학문적 장래에 대한 결정적인 영향력을 가지고 있는 교수가 부적절한 행동을 한다 해도 문제 삼기는 쉽지 않은 것이다.

국가가 대학 내에서 발생하는 성희롱·성폭력 문제에 관심을 가지고 전담기구를 설치하도록 한 것은 2000년 들어서이다. 2001년 창설된 여성부는 '공공기관에서의 성희롱 예방과 근절'을 추진하였다. 이에 각 대학들은 성희롱·성폭력 방지 대책을 규정으로 명문화하고 법으로 의무화된 성희롱 예방교육을 실시하는 것 외에 대학 차원에서 사건 피해자를 상담하고 접수된 사건을 처리하는 피해구제 절차를 운영하고 있다. 그러나 실제로 선후배, 스승·제자라는 특수관계로 이어져 있는 대학의 특성 때문에 외부로 드러나지 않은 대학

내 성희롱·성폭력 피해의 수는 좀 더 심각하며 그 후유증도 클 것임을 추측해 볼 수 있다.

V. 대학 페미니즘 실현을 위한 길 찾기

1) 대학사회 성주류화와 성인지 교육

대학 페미니즘 실현을 위해서는 대학 전체 차원에서 성평등 이슈를 공론화해서 대학 행정전반에 성인지 관점을 통합하고 성주류화를 실현해야 한다.[37] 성주류화는 정책결정에 관여하는 행위자들에 의하여 모든 수준, 모든 단계의 모든 정책에 성평등의 시각이 적용될 수 있도록 정책과정을 평가하고 개선하는 것이다. 그러기 위해서는 개별화되어 있는 대학사회 구성원들의 차별 관련 경험들이 체계적으로 수집되어 정리되어야 하며 대학을 평가할 때도 성평등과 관련된 부분을 적극적으로 반영해야 한다. 정책 차원에서 대학별 성평등 문화 조성을 위한 담론 개발과 대학의 성평등 수준을 가늠할 체크리스트의 개발이 필요하다. 또한 대학관련 성평등 문제가 중요하고 정부에서 어떤 정책을 펴고 있는지, 매년 양성평등 우수대학이 발표되고 있는지에 대해서 대학의 대다수 구성원들은 거의 알지 못하고 있다. 대학사회 성평등 이슈의 확산이 중요하므로 성평등 이슈에 대한 공감대를 넓힐 수 있도록 이를 알리고 홍보하는 작업이 필요하다.

이와 더불어 대학사회 남성문화를 극복하기 위한 성인지 교육이 필요하다. 현재의 교육은 정규 교과보다는 비교과 프로그램으로 이루어지는 경향이 있으며 체계적인 지원이 부족하다.[38] 학생들의 경우 정규적인 교양 강의를 통해 필수적으로 이루어지면 바람직하며 교수들의 경우도 처음 임용시에 일정 부분 성인지 교육을 받도록 해야 한다. 다른 공공기관과 비교해 볼 때 대학 교수나 대학생들의 성희롱·성폭력 관련 예방교육의 참여율이 낮은데[39] 모든 대학 구성원들이 성희롱·성폭력 예방교육을 받아야 한다.[40] 남성이 대부분인 조직에서 여교수들은 남성중심적으로 작동되는 네트워크에서 소외되고 의사결정에서도 배제되는데 이는 여교수들의 주변화와 소극적 태도로 나타난다. 또한 일부 여교수들은 성인지 의식이 약하여 문제의 심각성을 잘 느끼지 못하고 있다. 여교수들에 대한 성인지 교육과 역량강화 프로그램이 필요하다.

2) 성인지적 조직의 활성화와 여성연대

〈자료 5〉

대학은 미래의 주역인 청년들이 교육받고 바로 사회에 나가는 최전선이기에 대학은 성평등한 사회 실현에 있어 더욱 모범이 되어야 할 것입니다. 대학 여교수회가 각 대학 간에 정보교류와 협력을 통하여 연대한다면 교육부나 여성가족부 등 정부와 유관기관에 정책 제안을 통하여 실효적으로 제도적 반영을 담보해 낼 수 있으리라 기대합니다.

출처: 국공립대학여교수회연합회 창립 선언문

〈펭귄프로젝트〉는 평등한 대학을 위해 만들어진 '대학 내 반성폭력, 평등문화를 위한 캠페인'입니다. 〈펭귄프로젝트〉는 무리를 위해 먼저 용기를 내 바다로 뛰어드는 '퍼스트 펭귄'과 체온을 유지하기 위해 서로의 몸을 밀착하는 '허들링'이라는 펭귄의 두 가지 습성을 따서 용기와 연대의 가치를 표현하고자 했습니다. 대학 내에서 여성이 겪어야 하는 불편과 불평등을 말하고 더 많은 연대를 통해서 변화를 이끌어내자는 의미에서 프로젝트의 이미지를 '펭귄'으로 정했습니다.

출처: 가톨릭대 성심교지편집위원회[41]

대학에서 성평등 이슈를 다루고 공론화할 수 있는 공식적인 조직이 필요하며 이를 통해 대학 교육 전반에 성인지 관점을 통합해야 한다. 현재 법적으로 국립대에 구성하도록 되어 있는 교원임용양성평등추진위원회의 역할을 교원임용에 대한 모니터링에 제한할 것이 아니라 대학사회 전반에 걸친 성평등정책의 수립과 시행의 기능을 갖는 위원회로 확대, 운영할 필요가 있다. 아니면 대학 내에서 성평등 이슈를 다루는 본격적인 조직을 마련하는 것이 중요한데 이를 통해 대학 성평등 실천에 지속적인 개입을 해야 한다. 최근 서울대는 국내 대학 최초로 '다양성위원회'를 창립해서 대학 내 여성뿐 아니라 성소수자 등 소수집단 권리 신장과 다양성 증진을 목표로 하고 있는데[42] 이런 조직 등을 통해 대학사회에 성평등 및 인권에 대한 공감대를 확산하고 실천할 수 있을 것이다. 이와 더불어 "대학내 성폭력 상담 인력·교육 콘텐츠 부족"[43]을 해결하여 성평등 문화의 확산과 성희롱·성폭력 예방활동 및 상담활동을 할 수 있어야 한다.

여교수들은 전문여성 리더로서 '대처/극복'의 적극적 자세를 보여야 하며 여교수회 활동을 통해 자신들의 목소리를 내고 대학 내외 네트워크 형성에 힘써야 한다. 학내외 여성 구성원들 간의 역량강화를 위한 네트워크 구축에 여교수들의 주도적인 역할이 필요한 것이다. 여성조직 역량의 강화와 더불어 이들 간의 여성연대가 중요하다.[44] 개별 대학에서 대개 여교수회가 활동하고 있는데 여교수회는 학내 여성연구소나 여대생 커리어 센터, 성희롱·성폭력 상담소 등 대학 내 여성관련 기관과 네트워크를 형성하는 것이 바람직하며 국공립여교수회연합회나 타 대학 여교수회와도 연계하여 정보를 교환하고 공동의 목소리를 내면서 연대를 할 수 있어야 한다. 이러한 여성조직의 활성화와 네트워크의 형성을 통해 성인지적 관점을 공유하면서 대학관련 여성이슈를 의제화하고 대학 내 성평등 문화를 확산하도록 해야 한다.

학생들의 경우 그동안 활동해 왔던 총여학생회 조직이 점차 사라지고 있는 추세이며 현재 대학 내 여성주의는 여성주의 매체나 자치모임 등의 형식으로 존재하고 있는데 이들의 활동을 통해 성평등적 대학문화의 확산을 이룰 수 있어야 한다. 최근 연세대가 사회적 약자에 대한 배려와 성평등의 가치가 담긴 '연세대 학생명예선언'을 제정했는데 여기에는 "나는 사회적 약자를 배려하고 성평등의 가치를 지향한다"[45]는 내용이 들어 있다. 그 외 '펭귄 프로젝트'의 예를 들 수 있다. 대학생들이 대학 내부의 성폭력, 성차별적 문화를 바꾸기 위해 만든 단체이다. '평등한 대학'이라는 슬로건을 내세우며 수도권 12개 대학의 20여 개의 단체가 연합하여 결성된 단체인데 파편적으로 이루어지던 여성주의 운동을 서울권 대학으로 조직화하고 확대했다는 의의를 지닌다.[46] 성희롱·성폭력과 혐오 발언은 물론 대학 내 술문화, 복학생 문화 등과 연관된 차별 사례 등을 수집하고 알리는 활동을 하고 있다.[47] 그러나 이들의 활동에 어려움도 존재한다. 대학 페미니즘 연대활동이 필요하며 수도권뿐 아니라 지역대학 차원의 페미니즘 활동을 모색해야 할 것이다.

주

1) <아세아경제>, 2017. 2. 12.

2) 이혜숙, 「남성중심적 대학, 성평등의 과제는 무엇인가」, 『대학: 담론과 쟁점』 제1호(통권 3호), 한국대학학회, 2017.

3) 오정진, 「평등의 실행 공간으로서의 대학」, 경상대학교 여성연구소·(사)전국여교수연합회 엮음, 『여성의 눈으로 본 대학사회와 젠더정치』, 오름, 2012, 37쪽.

4) 나윤경, 「여학생들의 '목소리'를 통해 드러난 남녀공학대학교의 남성중심성: 여자대학교와 남녀공학대학교를 경험한 여학생들의 사례를 중심으로」, 『한국여성학』 제21권 2호, 한국여성학회, 2005.

5) 조성남, 「폭력과 배제의 공간에서 여성으로 살아가기: 젠더 차별적 대학문화」, 『성평등적 관점에서 본 대학문화의 현주소와 과제』, 경상대 여성연구소 학술대회 자료집, 2013.

6) 경상대학교 여성연구소·(사)전국여교수연합회 엮음, 『여성의 눈으로 본 대학사회와 젠더정치』, 오름, 2012.

7) 김정희, "여교수에 대한 여교수의 시각", <교수신문>, 2014. 10. 14.

8) <페미니스트 저널 일다>, 2017. 6. 16.

9) 박남기·박효원, 「국공립대 여성교수 현황 분석 및 비율 확대 방안 탐색」, 『여성연구』 제100권 1호, 한국여성정책연구원, 2019.

10) 위의 글, 168-169쪽.

11) 배유경, 「교육공무원법 일부개정법률안 추진배경 및 경과」, 국공립대학 여교수회 연합회 외, 『2019 국공립대학 여교수회 연합회 워크숍 자료집』, 2019.

12) 유숙란, 「'크리티칼 매스'와 성평등 구조 구축과정: 한국의 민주화 이후 정치적 대표성을 중심으로」, 『국제정치논총』 제46집 1호, 한국국제정치학회, 2006.

13) 천선영, 「젠더에 '무지'한 대학」, 국공립대학 여교수회 연합회 외, 『2019 국공립대학 여교수회 연합회 워크숍 자료집』, 2019, 5쪽.

14) 오은진, 「2018 양성평등조치계획 추진 현황 및 향후 계획」, 국공립대학 여교수회 연합회 외, 『2019 국공립대학 여교수회 연합회 워크숍 자료집』, 2019, 25-26쪽.

15) <중앙일보>, 2016. 10. 19.

16) 안재희 외, 『대학교원임용 양성평등정책에 관한 연구』, 교육과학기술부, 2011; 이혜숙, 「대학사회 성주류화, 방향과 과제는 무엇인가」, 여성연구소·(사)전국여교수연합회 엮음, 『여성의 눈으로 본 대학사회와 젠더정치』, 오름, 2012, 155쪽.

17) <한국경제>, 2019. 6. 23.

18) 송인자, 「대학사회와 양성평등, 어디까지 왔나?」, 경상대학교 여성연구소·(사)전국여교수연합회 엮음, 『여성의 눈으로 본 대학사회와 젠더정치』, 오름, 2012, 127쪽.

19) 이혜숙·서의훈·최정혜, 『대학문화와 성평등 의식: 경상대 재학생들을 중심으로』, 경상대학교 여성연구소, 2013.

20) 위의 글, 26쪽.

21) 위의 글, 29쪽.

22) 경상대학교 개척자교지편집위원회, 「It is the misogyny」, 『개척자』, 경상대학교, 2018, 69-73쪽.

23) 이혜숙·서의훈·최정혜, 앞의 글, 39-41쪽.

24) 위의 글, 46쪽.

25) 위의 글, 같은 곳.

26) 이미정 외, 『대학 내 성희롱·성폭력 실태조사 및 제도개선 방안: 2018년 교육부 정책보고서』, 교육부·한국정책연구원, 2018.

27) 안상수 외, 『성평등 실천 국민실태조사 및 장애요인 연구(III): 대학생활 영역을 중심으로: 연구보고서-31』, 한국여성정책연구원, 2011, 302쪽.

28) 이혜숙·서의훈·최정혜, 앞의 글, 66쪽.

29) 김엘림, <포커스뉴스>, 2016. 10. 13.

30) <여성신문>, 2016. 11. 2.

31) <프레시안>, 2018. 8. 1.

32) <프레시안>, 2018. 8. 16.

33) <프레시안>, 2018. 8. 20.

34) 유현미, 「성차별적 위계구조의 담장 넘기: '교수 갑질'·성희롱 사건 대응활동과 대학 미투 운동의 현재」, 『경제와 사회』 120, 비판사회학회, 2018, 90쪽.

35) 박찬성, 「대학교 권력형 성희롱·성폭력의 특성」, 서울대학교 여성연구소·인권센터, 『대학 캠퍼스의 권력 성희롱·성폭력, 무엇이 문제인가』, 학술포럼 자료집, 2015, 28-39쪽.

36) 위의 글, 28-38쪽.

37) 이혜숙, 「대학사회 성주류화, 방향과 과제는 무엇인가」, 경상대학교 여성연구소·(사)전국여교수연합회 엮음, 『여성의 눈으로 본 대학사회와 젠더정치』, 오름, 2012.

38) 김수경, 「우리나라 대학의 양성평등교육 현황과 개선 방안」, 『교양교육연구』 제10권 3호, 한국교양교육학회, 2016, 378-379쪽.

39) <중부일보>, 2016. 10. 19.

40) 윤덕경 외, 『대학 내 성희롱·성폭력 상황별 대응 매뉴얼 개발 정책연구』, 한국여성정책연구소, 2019.

41) 가톨릭대 성심교지편집위원회, 「우리에겐 페미니즘 공동체가 필요합니다.-평등한 대학을 만들기 위한 펭귄들의 멀리뛰기- '펭귄프로젝트'」, 『성심교지』, 2018. 5. 31.

42) <여성신문>, 2016. 3. 23.

43) <연합뉴스>, 2016. 6. 22.

44) 이혜숙, 「대학 성평등 정책과 여성연대: 여교수회의 활성화 방안」, 『2019년 경상대 여교수회·경상대 여성연구소 공동 워크숍 자료집』, 경상대 여교수회·경상대 여성연구소, 2019.

45) <이데일리>, 2017. 2. 21.

46) 윤소빈, 「대학 내 젠더문제의 의제화 필요성과 그 방식: 대학 페미니스트가 본 학내 젠더정치의 현실과 가능성」, 『담론과 쟁점』 2호, 한국대학학회, 2017, 117쪽.

47) <여성신문>, 2017. 2. 20.

3장

미투(#MeToo),
그리고 여성의 섹슈얼리티

권명진
(계명대학교 사회학과 박사과정 수료)

Ⅰ. 미투(#MeToo) 운동이 우리에게 남긴 것

미투(#MeToo) 운동은 한국사회 반(反)성폭력의 역사를 다시 쓰게 했다. 좀 더 정확히 말하자면 반성폭력의 운동 패러다임의 전환이라고 할 만하다. 미투 운동으로 반성폭력 운동이 재조명을 받고 있지만, 사실 반성폭력 운동은 뿌리 깊이 사회 곳곳에 스며들어 있는 성폭력 문제가 감춰져 왔던 세월만큼 늘 지속되어 왔다. 그렇다면 미투 운동 이전과 이후의 차이점은 무엇일까? 필자의 생각에는 미투 국면 이전에는 전문가들(여성주의 학자나 활동가들)이 성폭력 피해자들의 목소리를 한데 모아 성폭력특별법 제정을 위한 법제화 노력에 집중했다면, 미투 운동은 사회 전방위적으로 피해 당사자들이 '직접' 대중과 사회를 향해 성폭력 피해를 고발함으로써 운동 주체의 성격과 무게감이 달라진 점이라고 생각한다. 물론 미투 운동 이전에도 <성폭력 말하기>는 계속되어 왔지만, 피해자들이 공론장에서 자신의 성폭력 피해 경험과 그 후유증을 이어말하기의 형식으로 고발한 점은 피해 당사자들이 운동의 진정한 주체로 확실히 자리매김한 것으로 보기에 충분하다.

미투가 이렇게 폭발적인 영향력을 끼치게 된 이유는 무엇일까? 사회문화적 측면에서 보면, 표면상 여성 개인의 섹슈얼리티는 국가에 종속된 건강과 생식의 도구로 여겨지기보다 자신의 자아를 확인할 수 있는 매개물로서, 이를 쾌락의 문제와 연결시켜 자유주의 성해방적 관점이 주축을 이루는 것처럼 보였으나 실제로는 이러한 성해방적 관점이 여성이 처한 정치·경제적 현실을 진정으로 해방시키지는 못했다는 점을 드러낸 것이라고 본다. 이러한 간극이 사회적으로 제대로 드러나지 못한 상황에서 언론을 비롯한 사회적 시선은 여성들의 권익이 얼마나 신장되어 있는지, 이전과 비교해서 얼마나 여성들이 사회에 진출하여 자신들의 목소리를 내고 있는지에 초점을 두었고, 이는 겉으로 보이는 성해방/성평등과 실제 여성들이 마주하는 현실 속 실질적인 삶의 내용 사이 간극을 더 부추겼다. 미투 운동은 이러한 간극, 즉 사회적 모순에 대한 경험 당사자들의 직접적 고발이며, 그 파급력은 처음부터 의도된 기획이 아니라 미투 운동 과정에서 표면에 가려져 있던 여성에 대한 모순적 관점들이 사회 전면에 그대로 드러나면서 점점 확대되었다고 볼 수 있다.

그리고 미투 운동의 파급력은 '미투'라는 용어의 성격에서 비롯되었다고 생각한다. 내가 얼마나 피해를 입었는지 '피해자다움'에 대해 낱낱이 설명하지 않아도 "나도 너와 같은 경험을 했다는 동조와 성폭력 피해 이후 겪는 복잡한 심리적 상황을 충분히 이해한다는 공감과 지지의 표현"을 압축적으로 전달할 수 있었기에 가능했다고 본다.

여성들이 개별적 삶의 현장에서 겪어 왔던 사회적 모순에 대해 겹겹이 쌓여온 의식적 혹은 무의식적인 의구심들, 이를 압축적으로 제대로 담지할 수 있었던 언어, 특히 이 언어가 공간적 제약 없이 널리 전파될 수 있도록 한 전달매체로서 사회관계망서비스(SNS)는 미투 운동이 확산되는 과정에서 거의 결정적이라고 할 만큼 중요한 기여를 했다.

이러한 각 요소들은 시의적절하게 결합되어 성폭력 피해를 '개별적' 사건이 아닌 사회 전반에 만연해 있는 성폭력을 둘러싼 구조적 문제를 수면 위로, 그것도 폭발적으로 드러내 주었던 것이라고 생각한다.

미투 운동이 이토록 폭발적인 반응을 일으키고 사회에 반향을 일으킨 지금, 다시 한 번 '성폭력'의 개념을 정리하고, 폭력 앞에 붙여진 '성' 혹은 더 넓은 범주로서 '성적인 것'(일반적으로 섹슈얼리티라고 명명됨)은 무엇을 의미하는지, 특히 사회구성원으로서 '여성'에게 어떠한 의미를 지니고 있는지 살펴보는 것은 미투 운동이 한 시설 유행처럼 스쳐 지나가는 운동이 아니라 지속성을 가지기 위한 방법 중 하나라고 생각한다.

II. 우리 사회에 만연한 치부를 들춰내다

미투 운동은 2017년 미국 배우 알리사 밀라노가 미국 할리우드 영화제작자인 하비 와인스틴에게 성폭력 피해 사실을 폭로한 후 자신의 트위터 계정에 "누구든지 성폭력 피해 경험이 있는 여성들이라면 이곳에 'Me too'라고 써 달라"는 트윗을 올리면서 시작되었다. 이 트윗은 전세계적으로 폭발적인 관심과 호응을 끌어냈다. 한국에서는 2018년 서지현 검사의 고발이 사회 곳곳에 만연한 성폭력의 심각성을 알리고, 미투 운동이 사회 전반으로 이슈화하는 중요한 계기가 되었다.

일반적으로 통용되는 성폭력 개념은 자신의 의사에 반한 성적 불쾌감과 성적 수치심을 주는 언행이다. 이 개념에서 '자신의 의사에 반한'다는 절대적 기준이 있는 의미라고 볼 수 없다. 극단적으로 말하면 한국, 아니 지구상에 존재하는 수많은 여성들 수만큼 다양하게 해석될 수 있으며, 서로 다른 삶의 맥락 속에서 정의될 수 있을 만큼

상대적인 의미로 여겨진다. 속된 말로 '코에 걸면 코걸이, 귀에 걸면 귀걸이'라는 말이 나올 수 있는 것이다.

하지만 미투 운동에서 폭로된 정치, 교육, 문화예술계 현장에서 일어난 많은 사례들은 성폭력 개념의 주관적 해석에 대한 한계에도 불구하고 하나의 거대한 공통점을 보였다. 여기서의 성폭력은 주변의 영향을 받지 않는, 합리적이며 온전한 의사결정권을 가진 인간 대 인간으로서 남녀 사이에 일어난 원치 않은 성적 접촉의 문제가 아니었다. 삶의 공간이면서 공적 영역이라고 일컬어지는 일터 혹은 학교 등에서 벌어지는 권력형 성폭력이며, 이러한 위계적이고 폭력적인 관계를 내재한 성 권력이 한국사회에서 얼마나 일상적으로 행해지고 있는지를 잘 드러내 주고 있었다.

한국여성정책연구원의 조사[1])에 따르면, 일반국민을 대상으로 한 미투 운동에 대한 지지 여부에서 79.4%(10명 중 8명)가 '지지한다'고 응답했고, 미투 운동에 대한 평가 항목에서 '미투 운동이 권력이 높은 자가 권력이 낮은 자를 상대로 성희롱이나 성범죄를 저지르는 것에 대한 심각성을 국민들이 인식하는 데 도움이 되었는가'라는 질문에 대해 88.3%(10명 중 8명)가 '도움이 되었다'고 응답했다. 이러한 설문조사 결과는 미투 운동이 성폭력 피해자들의 '폭로'로만 그치지 않고 우리사회의 젠더 불평등에 대한 의제를 제기하는 계기가 되었음을 보여 준다.

전문가를 대상으로 한 설문조사에서 '미투 운동을 계기로 가장 시급하게 추진되어야 할 정책과제'로서 1순위는 '성불평등하고 성차별적인 조직문화 개선'이었다.[2]) 이처럼 성폭력이 사적/공적 영역을 넘나드는 젠더 불평등의 문제이고 이를 해결할 수 있는 방안이 '성차별적 조직 문화 개선'이라면, 직장 내 성희롱·성폭력이 산업재해로 인정될 경우 어떤 변화가 일어날까?『산업재해로서의 직장 내 성희롱』3)은 미투 운동 이후 성희롱/성폭력 피해를 어떻게 회복시킬 것이며 피해자를 어떻게 지원할 것인지, 어떤 사회 구조를 만들어서 이 문제를 예방할 것인지에 대한 논의를 시작점으로 한 매우 의미 있는 자료이다. 이 책에서는 '직장 내 성희롱'이 왜 여성 노동자들의 노동환경, 건강과 밀접한 관계가 있는지를 설명하고 있는데, 주로 남성적 영역으로만 여겨지는 산업재해를 통해 미투 이후의 시대, '산업재해로서의 직장 내 성희롱'이 사회 분위기를 바꾸는 데 중요하다는 점을 부각하고 있다.

III. 미투 운동, '성폭력'의 의미를 다시 들여다보다

미투 운동 이후에 어떤 사회를 만들어 갈 것인가에 대한 다양한 논의들은 미투 운동 직후 급작스럽게 만들어지지 않았다. 미투 운동이 사회에 미친 영향과 의미는 현재 시대적 상황과 더불어 그동안 논쟁해 왔던 반성폭력 운동의 쟁점 속에서 좀 더 구체적으로 이해할 수 있을 것이다. 반성폭력 운동의 지형을 설명하는 데 있어 이론적 개념이 들어갈 수밖에 없다는 점에서 먼저 양해를 구하고 시작할까 한다. 여성학(사회학도 물론이다)을 공부하는 전공자들은 사회현상을 바라보는 기본적 관점이 있는데, 그건 사회에서 발생하는 모든 현상에는 모종의 이론적 가정들이 존재한다고 보기 때문이다. 이런 관점으로 반성폭력 운동에서 어떠한 쟁점들이 서로 오갔는지 하나씩 살펴본다면 반성폭력 운동에 대한 이해가 깊어지리라 기대한다.

반성폭력 운동의 쟁점은 성폭력이라는 개념과 현상을 둘러싼 서로 다른 사회적 담론(특정주제에 대한 체계적인 논의)의 영역에서 비롯된다. 여러 논의들이 있지만 크게 3가지 입장으로 나누어보면 1) 가부장적 통념에 근거한 보수주의, 2) 성적 자기결정권을 강조하는 자유주의, 3) 성폭력을 일상적인 권력의 문제로 파악하는 급진주의 페미니즘이 있다.[4]

먼저 가부장적 통념에 근거한 보수주의는 여성의 정조 침해로서의 강간 개념을 기반으로 한다. 여기에서 여성의 정조는 남성의 재산이라는 범위에 한정된다. 이런 관점은 한 사회가 여성을 어떻게 보느냐에 따라 여성에게 가한 해(害)가 다른 식으로 해석될 수 있음을 보여준다. 여성의 사회적 위치가 남성과의 관계에 의해 규정되는 사회에서는 남성들이 여성들의 재생산 능력과 섹슈얼리티에 대한 지배권을 가지고 있으며 특히 처녀성에 대한 통제권을 가지고 있다. 이때 강간은 남성의 개인적 위엄에 대한 침투, 영역에 대한 침입으로 경제적으로 해를 입히는 행위이다. 그러므로 이러한 강간 개념에서는 가해자가 피해자에 끼친 해를 문제시하는 것이 아니라 그녀를 소유하고 있는 남자에게 손해를 입힌 것이 문제가 된다. 즉, 가해 남성은 남성과 남성이 소유한 여성으로 구성되어 있는 가부장적인 가족의 이상에 대해 궁극적으로 도전한 것으로 강간은 한 개인의 재산권에 대한 침해만이 아니라 가부장적인 결혼과 가족을 이상으로 삼는 사회의 이익에 대한 침해로서 규제되어 왔다.[5]

둘째, 성폭력을 성적자기결정권에 대한 침해로 보는 자유주의 이론에서 강간은 개인이 '소유한 것'에 대한 침해로, 관계적이고 맥락적이지 않은, 개별적으로 이해되는 어떤 사람에 대한, 그 사람의 동의 없는 불법적 접촉이다. 넓은 의미의 성폭력은 성적인 폭력뿐만 아니라 남성과 여성의 구조적인 권력불균형에서 비롯되는 젠더 폭력을 의미하지만, 이러한 자유주의 이론에서 성폭력은 섹슈얼리티의 침해 문제라는 좁은 의미로 설정된다. 특히 성폭력특별법은 성폭력을 좁은 의미, 즉 성적 자기결정권의 침해의 문제로 집약시킨 결과물이다.6) 이처럼 성적자기결정권을 동등한 개인 간의 권리확보 문제로 이해하는 자유주의 이론은 성별 권력의 영향력을 드러내지 못하고 몰성적(gender-blind)으로 해석된다는 점에서 한계가 있다.7)

셋째, 급진적 페미니즘은 성폭력이 성적자기결정권 침해라는 관점에는 동의한다. 그러나 자유주의 이론에서의 성폭력이 성적 자율성의 주체로서 여성이 처한 특수한 사회적 맥락을 무시한다는 점을 비판한다. 즉, 성폭력이 폭행이나 협박과 같은 강제력이 동원되지 않은 평온하게 보이는 성적 관계에서도 인정될 수 있으며, 그것은 여성의 성적 자율성에 대한 의사와 언어가 체계적으로 왜곡되거나 무시되는 상황에서 발생한다고 본다. 급진적 페미니즘의 문제 제기는 성폭력이라는 개념과 현상의 중점이 "폭력"에 있는 것이 아니라 "성" 즉 "섹슈얼리티"에 있으며, 섹슈얼리티에 성별 권력이 작용한다고 보기 때문에 "섹슈얼리티"의 문제는 동시에 "젠더"의 문제를 포함하는 문제임을 제기한다.8)

이러한 반성폭력 운동의 쟁점들은 반성폭력 운동이 진행되는 과정에서 지속적으로 논쟁거리가 되었다. 특히 성폭력 문제가 법의 영역으로 들어갔을 때 형사 사법 절차는 대부분 가부장적 통념에 근거한 보수주의와 성적자기결정권 침해라는 자유주의적 입장에 따라 이루어지곤 했기 때문에 이에 대한 비판으로 급진적 페미니즘이 나타났고, 오랫동안 반성폭력 운동의 핵심적인 이론적 기반이 되었다.

하지만 이후 반성폭력 운동이 답보 상태에 이르고 여성운동 또한 위기라는 인식이 공론화할 무렵 급진주의 페미니즘에 기반한 반성폭력 운동에서 전제하는 피해자를 '동질적인' 피해자로 규정하는 점을 비판하는 관점이 나타났다. 성폭력의 피해가 '모든 여성'에게 같은 정도로 발생하는가에 대해 의문을 제기한 것이다. 즉, 여성들을 집단적인 하나의 범주로서 '성적 행위성'의 가능성을 허용하지 않는 점을 비판하면서 이러한 가정이 성차별주의의 역사를 드러낼지는 몰라도 여성의 다양한 경험과 적극성은 담아낼 수는 없다고 본 것이다.

이러한 관점은 집단적 여성으로서의 공통적 삶의 경험을 더 이상 공유할 수 있는 시대가 아니라 여성 내에서도 너무나 다양한 삶의 방식과 맥락을 지니게 된 시대적 상황과 맞물려 나타났다. 언론에서 한 번쯤은 접해 봤을 법한 '신자유주의 시대'가 바로 이러한 상황을 한마디로 설명한 용어이다. 개인의 행위성(억압적 상황에서도 개인의 '의지'로 극복할 수 있는 가시적 혹은 잠재적 능력)을 강조하여 모든 사안에 대해 집단이 아닌 개별적 대응(혹은 선택)을 하도록 하고, 선택에 따른 결과는 모두 개인의 책임으로 바라보는 것이 신자유주의의 기본적인 전제이다(2000년대 초반부터 일어난 자기계발서 열풍을 생각하면 쉽게 이해할 수 있을 것이다). 사회의 거의 모든 영역이 경쟁 구도로 재편되어 개인들은 각자도생으로 살아남아야 하는 상황에서 기본적으로 연대, 집단성을 전제로 한 반성폭력 운동 혹은 여성운동이 위기에 봉착한 것은 어쩌면 당연한 시대적 흐름이었을지도 모른다.

하지만, 경쟁에서 살아남기 위해 성불평등이나 성차별적 사회구조를 인식하지 못한 채, 혹은 인식은 했지만 '살아남기 위해' 외면할 수밖에 없었던 그 사회구조에 대해 의문을 제기하는 논의들이 점차 이루어지기 시작했고, 그런 상황에서 일어난 미투 운동은 개개인이 시대가 요구하는 조건에 맞게 '열심히' 노력한다면 사회가 변화될 것이라는 암묵적 믿음에 대한 일종의 배신감과 분노가 이면에 깔려 있는 데서 그 폭발력을 얻은 것이라 생각한다.

미투 운동은 이제 반성폭력 운동으로서 종착점이 아닌, 성폭력 피해를 직접 공론장에서 이야기했던 수많은 여성들의 '회복'을 위한, 그리고 성차별적 문화와 제도를 없애기 위한 새로운 시작점이 될 것이고, 지금까지 자의든 타의든 그들을 외면했던 우리 모두에게는 그 목소리를 제대로 경청하여 사회 변화가 일어날 수 있도록 실천할 수 있는 새로운 기회가 될 수 있다고 생각한다.

하지만 그런 새로운 기회를 잡을 수 있다는 희망을 현실적으로 실현하기 위해서는 만만치 않은 노력을 필요로 한다. 앞서 미투 운동을 계기로 성폭력 개념과 반성폭력 운동의 쟁점을 살펴보았지만, '폭력'이란 글 앞에 놓여 있는 '성'에 대해, 더 넓은 의미에서 '성적인 것'(섹슈얼리티)에 대해 우리는 얼마나 이해하고 있을까? 만약 이해하고 있다면 어떤 관점에서 이해하고 있다는 것일까? 우리는 이미 미투 운동으로 사회 변화의 희망을 보았다. 그러니 이를 현실적으로 실행하기 위한 사전 준비 작업으로, 수많은 이야기를 하지만 여전히 신비롭게만 여겨지는 '성'에 대해 한 걸음만 더 깊이 이해하기를 시도해 보자.

Ⅳ. '성' 혹은 '성적인 것'

성폭력에서 폭력 앞에 놓인 '성'은 무엇을 의미할까? 생물학적 성 (sex)을 의미하는 것일까, 성별(gender)로서 사회적으로 구성되는 남녀의 정체성(남자는 공적 영역, 여성은 사적 영역으로 한정하는 남성/여성에 따라 서로 다르게 부여되는 사회적 성역할)을 의미하는 것일까, 아니면 성과 관련된 전반적인 인식체계인 섹슈얼리티를 의미하는 것일까?

앞서 반성폭력 운동의 쟁점에서 살펴보았듯이 성폭력을 정의하는 논의에서 '성'이란 성에 대한 생각이나 의미 혹은 사회적 관행으로서 '섹슈얼리티'를 의미한다고 볼 수 있다. 더불어 '성', '성별', '섹슈얼리티' 개념은 각각 완전히 독립적으로 구분되어 서로 일대일 고정된 관계를 이루는 것이 아니다. 세 개념 모두 사회문화적으로 그 의미들이 만들어지고 변형되기 때문에 이 세 가지를 구분하는 건 개념상의 분류로서 우리가 일반적으로 말하는 성을 이해하기 쉽게 하기 위한 도구라고 생각하면 된다. 사실 일반적으로 통칭하는 '성'의 의미는 상당부분 '섹슈얼리티' 개념으로 설명하는 것이 더 적절할 것이다. 즉, 섹슈얼리티는 성과 관련된 생각, 성에 대한 사회적 제도와 규범, 성적 지향(성 정체성) 등을 의미하는, 성과 관계된 포괄적이고 광범위한 개념이다.[9]

이는 섹슈얼리티가 시대를 초월하는 고정불변의 의미를 가지는 게 아니라 사회가 섹슈얼리티를 어떻게 다루고 이용하느냐에 따라 의미가 달라진다는 것을 뜻한다. 과거, 한국의 전통사회에서 섹슈얼리티는 건강과 생식의 도구로 이해되었다. 특히 가족(가문)의 지속이라는 분명한 목적하에 여성은 '가족'을 지속시켜 줄 자식을 생산하는 몸으로서 즉 가족적 자아로서만 자신을 이해할 수 있었다. 또한 섹슈얼리티가 가족적 자아를 형성하는 기제로 작용했기 때문에, 전통사회의 섹슈얼리티는 남녀간에, 신분 간에 차별적이고 위계적인 권력이 부여되었다.

근대화 과정을 거치면서 떠오르게 된 자유연애, 즉 낭만적 사랑에 대한 성담론은 서구와 한국이 다른 양상을 지녔다. 서구의 경우 부모로부터 경제적, 심리적, 사회적 독립과 함께 자신의 파트너를 선택하지만, 한국사회에서 낭만적 사랑은 이처럼 가족으로부터 자유를 의미하지 않았다. 오히려 결혼을 통해 또 하나의 가족을 만들기 전의 통과의례 과정으로 이해되고 새로운 가족 또한 원가족의 영향 하에 놓였다. 낭만적 사랑을 통해 개인이 파트너를 선택할 수 있는 여지는 있었지만, 여전히 전통사회의 영향이 강력하게 작동하고 있었기 때문에 그 틀을 벗어났을 때 한 개인에게 쏟아지는 비난과 현실적 어려움을 한 개인이 극복한다는 건 쉽지 않은 일이었을 것이다.

하지만 1990년대 후반부터는 이전과는 다른 양상을 보이기 시작한다. 이 시기 여성들의 섹슈얼리티는 여성들의 자아 인식 형성에 큰 비중을 차지했다. 연애의 대중화·민주화는 신자유주의와 맞물려 나타나게 되었는데, 사회적 지위, 계급, 학력 등으로 환원되지 않는 고유한 '나'를 설명하는 방식 가운데 하나로서 연애가 나타난 것이다. 연애가 대중화되었다는 의미는 자본주의 사회에서 시장화되었다는 의미이기도 하다. 즉 개인이 가진 자원에 따라 접근성이 달라지는데 연애가 일면 평등하고 민주적인 구조처럼 보이지만, 연애시장은 위계화되어 있다는 것이다. 그럼에도 연애와 성은 자신의 몸을 가지고 할 수 있는 개인적 차원의 욕망으로 여겨졌다. 또한 이 시기 주류 담론으로 개인의 자유, 인권 개념이 본격적으로 등장하면서 결혼 제도 밖의 관계, 노인들의 사랑, 장애인의 성이 강조되었고 이는 모든 사람이 연애와 성을 향유할 권리가 있다는 사회적 목소리로 연결되었다. 이러한 연애의 대중화 혹은 성의 민주화라는 사회문화적 분위기에서 섹슈얼리티는 사회적 위계를 벗어나 한 개인의 고유성을 드러내는 중요한 기제로서 자리매김한 것처럼 보였을 것이다.

하지만, 한 개인의 고유성을 드러내 줄 것만 같았던 섹슈얼리티는 결코 사회문화적 구조의 영향을 무시하고 독립적인 그 무엇으로 설명할 수 없다. 이는 누차 강조한 바다. 자본주의 사회에서 연애도 시장화되는 상황에 섹슈얼리티 역시 시장으로 편입되어 현재는 더욱더 정교하게 성상품화가 이루어지고 있다.

최근 논란된 배스킨라빈스 광고에 대한 논쟁은 여성 성상품화가 어떻게 정교하게 이루어지는지 잘 나타내 준다고 생각한다. 여아 성상품화 논란이 된 이 광고에 대해 한 전문가는 "배스킨라빈스는 아동복을 입었다고 해명하지만, 아동복이 아니라 아기 옷을 입고도 어떤 이미지와 어떤 스토리로 구성됐는지가 핵심이다"라며 "어린이가 아이스크림 광고를 찍었는데 화장이 진해요, 차원의 문제가 아니다. 이 영상에서 어린이 모델을 바라보는 시선이 문제다"라고 지적했는데, 특히 이 '시선'의 문제는 성적 대상화에서 핵심이다. 사진 혹은 광고의 시각적 기호가 어떠한 방식을 통해 여성을 성적 대상으로 만드는지 알지 못하면 그 시각적 기호가 내포하고 있는 함의를 알아차리지 못하게 된다. 그렇기 때문에 이 영상을 보고 아무런 문제를 발견하지 못했다는 댓글도 상당수 달렸는데, 이런 댓글을 쓴 대부분이 성적 대상화의 시각적 코드를 알아차리지 못했기 때문일 가능성이 크다. 성적 대상화의 시각적 코드란 "어린이를 대상으로 성인 여성들을 성적 대상화할 때 전형적으로 사용되는 소재 또는 연출 기법" 혹은 "포르노그라피적 연출 기법"을 사용했다는 의미이다. 또한 이러한 성상품화가 가지는 더 큰 문제는 이렇게 성상품화에 노출된 "여아의 경우 어린시절부터 신체활동 반경을 제한하는 결과를 낳고, 이러한 신체적 제한은 직업 선택과도 연결되기 때문에 미래를 제한"한다는 점이다.

요약하면, 결국 여성의 섹슈얼리티는 시대를 초월하여 여성 고유의 의미를 획득하기보다 사회·경제·문화적으로 어떤 사상, 가치를 추구하느냐에 따라 변화되어 왔다. 하지만 그 변화 속에서 여성 섹슈얼리티의 구체적 내용은 그 지배 주체가 어떤 형식이든 종속적이거나 대상화되는 형태로 드러났다. 물론 많은 여성들이 국가의 지배 담론에 완전히 종속되어 수동적으로 대처하지만은 않았다. 그럼에도 불구하고 여성을 성적 대상화하지 않는 시각적 매체를 찾는 게 더 힘들 만큼, 현재 여성의 섹슈얼리티는 성의 시장화와 정보통신 기술의 발달이 결합하면서 전통사회 혹은 근대사회와는 전혀 다른 양상으로 사회구조에 종속적인 형태로 나타나고 있다. 표면적으로는 예전과는 달리 사회가 여성 섹슈얼리티의 자유로움을 보장하는 것처럼 보이지만, 미시적으로는 여성 섹슈얼리티를 둘러싼, 사회구조를 형성하는 하위요소들이 복잡하지만 서로 유기적으로 얽혀 그 하위요소들의 관계는 드러나지 않은 채 대상화하고 있다.

V. 미투 이후 펼쳐질 '여성에 의한' 여성의 섹슈얼리티

미투 운동은 분명히 우리에게 새로운 반성폭력 운동의 희망을 주었고, 더 나아가 '성'에 대한 우리들의 생각, 인식체계인 섹슈얼리티의 내용까지 변화시킬 수 있는 강력한 디딤돌이 되고 있다고 생각한다. 그러나 성폭력이 한 인간의 존엄성을 훼손시키고 심지어 말살시키는 행위라는 이 단순한 명제를 사회 곳곳에 뿌리내리도록 하려면 여전히 갈 길이 멀다. 왜냐하면 '한 인간'은 성별, 계급, 인종에 따라 분류되고 위계적으로 나누어져 특정 성별, 계급, 인종에게 이 '한 인간'이란 개념이 부여되기 때문이다.

이 글을 쓰는 필자 또한 성에 대한 가부장적 보수주의 틀에 '갇혀' 있었고, 그에 대한 반작용으로 개인을 사회적 맥락과 무관한 성적자기결정권을 가졌다고 보는 자유주의에 매료되었으며, 사회생활을 한 이후 여성학을 공부하면서 직장생활에서 느꼈던, 언어로 제대로 표현할 수 없었던 불쾌감과 불편함을 페미니즘 관점을 통해 언어로 설명할 수 있게 되었다. 나를 포함한 많은 사람들이 자신의 삶에서 경험하는 '성적인 것'이 하나의 관점만으로는 설명될 수 없다고 생각한다. 필자 또한 '사회속의 나'로 형성된 섹슈얼리티를 자세히 들여다보는 것을 애써 외면하려고 했다. 왜냐하면 분석 과정 자체가 매우 골치 아픈 일일 뿐더러 그동안 가져왔던 나의 인식틀이 깨지는 고통을 감수해야 함을 어렴풋이 느꼈기 때문일 것이다. 기존 인식틀이 깨져야 새로운 대안을 받아들일 수 있다고는 하지만, 내가 믿고 있었던 혹은 믿고 싶었던 가치관이 '잘못된 것'이라는 판단이 들면 그런 인식틀을 가지고 살아온 세월 자체가 부정당하는 느낌이 들고,

이런 느낌은 굉장한 상실감과 허망함을 동반한다. 때문에 매우 두려운 작업이기도 하다.

그럼에도 이 글을 준비하면서 나는 삶의 여러 과정 속에서 내가 인식하고 실천했던 섹슈얼리티의 변화 과정에 대해 조금은 더 잘 이해하게 되었다. 이는 곧 나 자신을 더 잘 이해하게 되는 계기가 되기도 했다. 이 글을 읽은 독자 역시 자신의 섹슈얼리티에 대해 잠시나마 고민하는 시간을 가지고, 그래서 자신을 더 잘 이해하는 계기가 되었으면 하는 게 작은 바람이다. 그리고 혹시 여유가 된다면 성폭력이 없는 세상을 만들기 위한 긴 여정에 함께 하길 기대한다.

주

1) 한국여성정책연구원 성평등전략사업센터, 「일반국민이 바라본 미투 운동」, 『젠더리뷰』 49, 한국여성정책연구원, 2018.

2) 한국여성정책연구원 성평등전략사업센터, 「전문가가 바라본 미투 운동의 의미와 향후 과제」, 『젠더리뷰』 49, 한국여성정책연구원, 2018.

3) 최윤정, 『산업재해로서의 직장 내 성희롱』, 푸른사상, 2019.

4) 이호중, 「성폭력 처벌규정에 대한 비판적 성찰 및 재구성」, 『형사정책』 제17권 2호, 한국형사정책학회, 2005.

5) 변혜정, 「성폭력 개념에 대한 비판적 성찰」, 『한국여성학』 20(2), 한국여성학회, 2004.

6) 이호중, 앞의 글.

7) 변혜정, 앞의 글.

8) 이호중, 앞의 글.

9) 조심선희, 「섹슈얼리티」, 『여/성이론』 14, 여성문화이론연구소, 2006.

4장

유럽에서의
미투 운동 개관

하이케 헤르만스(Heike Hermanns)
(경상대학교 정치외교학과 교수)

I. 유럽의 미투 운동: 개요

성희롱과 성폭행에 대항하는 미투 운동은 2017년 10월부터 소셜 미디어에 퍼지기 시작했다. 이 용어는 2006년 미국의 활동가인 타나라 버크(Tanara Burke)가 성적 학대를 경험한 유색인 여성의 공간대를 강화하는 캠페인에서 처음 사용되었다.1) 이후 미국 여성 배우 알리사 밀라노(Alyssa Milano)는 소셜 미디어를 통해 유명 영화배우 하비 와인스틴(Harvey Weinstein)의 성희롱과 위법 행위에 대해 고발했다. 뒤이어 많은 소셜 미디어 사용자가 미투 해시태크(#MeToo)를 통해 성희롱에 대한 그들의 이야기를 알렸다. 많은 여성들(그리고 남성들)은 강간을 비롯해 욕설을 하거나 휘파람을 부는 등의 일까지 광범위한 문제를 다루었다. 일부 사람은 스스로를 지킬 방어 수단을 갖추지 않은 채 가해자의 이름을 포함하기까지 했다. 초반에는 주로 할리우드 연예계 여성들의 처지에 중점을 두었는데, 이는 이 운동이 엘리트주의적이고, 특권을 가진 백인 여성들을 선호한다는 비판을 불러왔다.2) 미투 해시태그는 여러 국가의 소셜 미디어 사용자들에 의해 빠르게 선택되었고, 그 의미는 성적 희롱과 남성의 특권을 강조하기 위해 확장되었다.3) 그러나 강간 보고서부터 이름 부름(name calling)에 이르기까지의 다양한 문제 제기는 '강도가 덜한' 문제 제기가 그보다 더 심각한 경우를 덮는 것으로 여겨지면서 비판을 받기도 했다. 여배우 리브 울만(Liv Ullmann)에 의한 비판을 예로 들 수 있다.4) 해시태그에 의해 촉발된 다양한 대화는 곧 개인적, 사회적 차원 모두에서 성희롱에 대한 수많은 원인과 잠재적 대응을 부르기 위해 증거를 제공하는 범위를 넘어섰다. 미투 해시태그는 미국에서 유색 여성의 곤경을 강조하기 위해 처음 사용되었으나 인종주의는 유럽 국가의 담론에 거의 영향을 미치지 않는다.

이 장에서는 여러 유럽 국가에서 성희롱과 여러 형태의 성차별을 논의하기 위해 사용된 용어와 그 후속 캠페인에 대해 개관하려 한다. 또한 연예계 산업을 넘어 더 일상적인 성차별을 다루었다. 많은 여성들은 해시태그를 통해 자신들의 경험을 알리고 얼마나 많은 남성들이, 받아들일 수 없는 방식으로 여성을 대하는지 사람들에게 눈 뜨게 했다. 많은 국가에서 미투 해시태그는 21세기의 성차별, 여성의 지위, 페미니즘의 역할에 대한 기존의 논쟁을 보완하고 활력을 불어넣었다.

유럽에서 발생한 문제들의 심각성은 미국 할리우드 거물의 스캔들이 드러나기 전부터 인식되었다. 2016년 6월, 유로바로미터(Eurobarometer)는 여성에 대한 성희롱이 얼마나 흔한지 설문조사를 하고 그 결과를 2017년에 발표하였다.(그림 1 참조) 전반적으로 22개국 응답자의 대다수는 성희롱이 일반적이라고 말했다. 28개 EU회원국의 평균치는 성희롱이 매우 널리 퍼져 있음을 의미한다. 20%는 매우 흔하다고 생각하고, 50%는 상당히 흔하다고 생각하는 반면, 22%는 흔하지 않다고 보고, 2%는 드물다고 생각했다. 6%는 답을 알지 못하거나 응답하지 않았다. 성희롱 출현율에 대한 인식은 여성은 75%, 남성은 65%로 차이를 보였다. 또한 젊은 세대일수록 성희롱이 일반적이라고 말하는 경우가 더 많았다.[5] 국가별 결과는 상당히 큰 차이를 보인다. 이탈리아에서는 89%가 성희롱이 일반적이라고 생각했지만 에스토니아에서는 32%에 불과했다. 그래프의 하단에는 동유럽 국가들이 있다. 이들의 답변에서도 알 수 없다는 응답자

수가 더 많다.

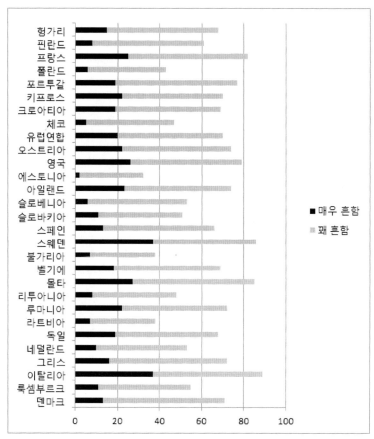

출처: Eurobarometer,6) 작성자에 의한 재배열

〈그림 1〉 성희롱의 빈도

EU 기본권위원회의 보고서에 따르면 15세 이상의 유럽 여성 중 55%가 성희롱을 경험했고 지난 12개월 동안 21%가 성희롱을 경험

했다.[7] 또한 이 조사는 국가별 성희롱 발생률 간에 큰 차이를 보여주었다.(그림 2) 스웨덴 여성의 81%가 성희롱을 경험했다고 말한 반면, 불가리아 여성은 24%만이 그러한 주장을 했다. 북유럽 국가와 프랑스의 여성들은 성희롱을 당했다고 주장하는 경우가 높지만 동유럽 국가의 여성들은 상대적으로 더 낮았다. 스웨덴의 높은 발생률은 그러한 사건들을 보고하려는 시민들의 더 큰 의지와 인식의 결과일 수 있다. 반면, 동유럽 국가에서는 여성들이 특정한 행동을 성희롱으로 여기거나 그것이 일상에서 벌어지는 것으로 여기는 경우가 적다.[8] 또 다른 연구는 직장에서의 성희롱은 주로 EU 국가 중 가입한 지 오래된 15개국에서 주로 논의되는 반면, 동유럽 국가에서는 거의 논의되지 않았다는 점을 발견하였다.[9] 미투 해시태그는 성희롱 사건이 얼마나 많이 퍼져 있는지 강조하였고, 더 많은 여성(그리고 남성)이 자신의 경험에 대해 이야기하도록 독려했다. 나아가 특정 행동의 수용 가능성에 대한 논쟁이 심화되도록 하는 역할을 했다. 최근 조사에서는 여성에게 성희롱 경험을 물었을 때 좀 더 적극적으로 대답하는 경우가 많은데, 이는 피해자에게 사회적 낙인을 찍는 경향이 사라지면서 나타난 결과이다.

문화적 차이는 그러한 인식과 인식의 발생에 대한 후속 보고에 영향을 줄 수 있다. 유로바토미터(Eurobarometer) 조사는 몇 가지 질문을 결합하여 '성별 고정관념 지수(Gender stereotype index)'를 만들었다.(그림 3)[10] EU 평균은 7.3이었지만 불가리아는 12.4로 훨씬 높았으며 동유럽국가, 헝가리, 리투아니아, 라트비아, 슬로바키아 및 체코가 뒤를 이었다. 덴마크(4.4)와 스웨덴(3.0)이 평균 점수가 가장 낮은 두 국가로 기록됐다. 그림 2와 3을 보면 국가의 순서가 흥미롭게 나타난다. 여성이 성희롱 사례를 적게 신고하는 국가에서는 성별 고정관념이 훨씬 강하다. 이것은 여성들이 공공장소에서의 괴롭힘이나 공격적인 플러팅(flirting)을 사회 내에서 성적 역할의 일부로 기꺼이 받아들이고 있음을 나타낸다.

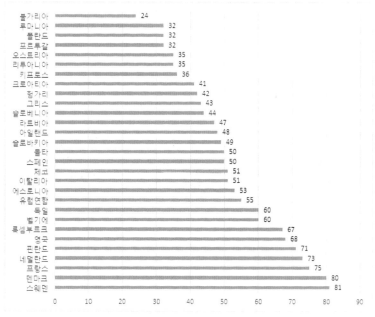

출처: EU AFR[11]

〈그림 2〉 EU에서 15세 이상의 여성이 성희롱을 경험한 비율[12]

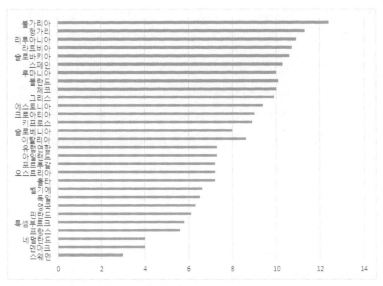

출처: Eurobarometer.13) 작성자에 의한 재배열.

〈그림 3〉 성별 고정관념 평균

성 역할에 대한 이러한 다른 해석을 고려할 때 성희롱의 정의가 유럽 전역에서 논쟁의 한 지점이 된 것은 당연하다. 많은 나라에서 성희롱의 범위에 대한 논쟁이 계속되고 있다. 성별의 차이를 넘어 세대의 차이가 다른 해석을 낳는다. 예를 들어, 1989년 포르투갈의 성희롱 연구는 여성의 3분의 1이 신체적 외모와 음란한 논평을 성희롱의 한 형태로 간주한다는 것을 발견했으나, 2015년에는 그 수가 두 배가 되었다.14) 많은 유럽인들에게 '플러팅', '성차별', '성희롱'의 차이는 이에 대한 변화하는 기준 때문에 여전히 불분명하다.15) 2017년 10월, 유고브(Yougov)는 영국, 독일, 덴마크, 노르웨이, 스웨덴, 핀란드, 프랑스 등 7개국의 남녀에게 성희롱에 대한 서로 다른 인식에 대해 물었다.[16] 손으로 더듬는 행위와 같은 것들은 보편적으로 부적절하다고 여겨지는 반면, 다른 행동들은 국가마다 다르게 인식되었다. 영국과 핀란드 응답자의 83%는 여성에게 성적인 농담을 던지는 것이 부적절하다고 여겼지만 독일 응답자는 58%, 덴마크 응답자는 41%가 그렇게 답했다. 프랑스에서는 81%, 영국, 독일, 노르웨이에서는 59%의 응답자가 남성이 여성의 허리에 손을 대는 것은 부적절하다고 답했다.[17] 그 결과 미투 해시태그는 유럽 국가마다 상당히 다른 반응을 일으켰다. 개별 국가에 대해 알아보기 전에 먼저 다음 장에서는 공통 주제에 대해 살펴본 후, 유럽과 유럽평의회, 유럽연합 간의 정책 결정에 영향을 미치는 두 개의 관련 지역조직 정책에 대한 간략한 개요를 알아본다.

II. 공통적인 주제

성차별과 성희롱은 특히 젊은 여성들에게 문제가 되었다. 21세기 페미니스트들은 이전 페미니즘의 성과를 바탕으로 사회에 강하게 확립된 패턴에 도전하였다. 남녀 평등이 (거의) 달성되었다는 믿음에서 자라난 21세기 초반의 젊은 여성들은 직장과 개인 생활에서 전통적인 성 패턴이 지배적 우위에 있다는 사실을 깨달았다. 인터넷과 소셜 미디어의 등장은 이 문제를 증폭시켰다.

첫째, 이것들의 등장으로 인해 포르노에 대한 사람들의 접근이 쉬워졌으며 종종 폄하되는 여성의 특정 이미지가 확산되었다.[18] 소셜 미디어를 통해 성적 이미지가 남성과 여성 모두에게 퍼져, 이들에게 신체 이미지를 형성하는 데 영향을 주었을 뿐만 아니라 이들이 신체에 대해 수치심을 갖고, 이름 부르기 행위(name calling)를 하는 것을 증가시켰다. 여성의 대상화는 소셜 미디어의 성장과 함께 증가했다.[19] 많은 여성들은 자신들이 온라인 혐오 캠페인의 대상이 되고 있다는 것을 알게 되었는데, 이는 일부 남성들이 종종 사소한 사건들을 현 상태를 위협할 만한 것으로 보았기 때문이다. 그들은 종종 여성들과 여성주의적인 게시물을 침묵시킬 목적으로 트롤링(Trolling)을 하고 여성들의 개인 신상을 온라인에 게재하였다.[20]

그런데 그들의 이러한 행동은 주류 사회에 의해 비난받지 않았다. 많은 법률이 온라인 학대를 범죄로 다루지 않아 그들에 대한 처벌이 어려웠기 때문이다. 따라서 이를 바꾸기 위한 캠페인이 종종 온라인에서 행해지고, 미투 운동은 몇몇 국가에서 그러한 입법 과정을 가속화하는 데 도움을 주었다. 긍정적인 측면에서, 소셜 미디어는 성희롱에 대한 항의의 확산과 변화를 목표로 하는 새로운 커뮤니티의 창출에 도움을 준다. 여성들은 디지털 통신 수단을 통해 성차별, 여성 혐오, 가부장제에 대한 저항과 도전을 증가시키는 의지를 보여주었다. 해시태그와 함께 간단히 트윗을 작성하고 게시하는 것이 쉬운 것 같지만, 그러한 것을 작성하는 것은 작성자들에게 매우 감정적인 일이므로 상당한 시간이 걸린다. 좋아하고 긍정적이고 고무적인 피드백을 받는 것은 작성자가 성차별과 성희롱의 문제의 정도를 깨닫는 데 도움을 줄 수 있다. 궁극적으로, 이는 이전에 논쟁에 참여하지 않았던 많은 여성들에게 페미니즘 정신을 지지하도록 한다.[21] 이것은 결국 사회 내에서 보다 근본적인 변화를 위한 토대를 마련하는 데 도움이 될 수 있다.

두 번째 공통 주제는 신자유주의 세계 경제의 영향과 관련이 있다. 세계 자유주의 경제는 노동의 일상화를 가져 왔고, 이는 공급자로서 남성의 전통적인 이미지를 약화시켰다. 직장 내 여성의 수가 증가함에 따라 이는 전통적인 남성 공간에 또 다른 위협이 되고 있다.[22] 여성들의 이러한 도전은 종종 숨겨진 차별에 직면하기도 하는데, 예를 들어 여성보다 빠른 남성의 승진과 같은 것들이다.[23] 권력을 가진 사람들은 직장 내에서의 불안정성을 지닌 다른 사람들을 착취할 수 있는 위치에 있다. 예를 들어, 관리자는 더 많은 일을 얻기 원하는 젊은 인턴이 그와 함께 저녁 식사를 먹기를 기대할 수 있다.

성관계도 정치적 논쟁의 지점으로 등장했다. 많은 나라의 포퓰리스트들은 성관계를 제로섬 게임으로 취급하며, 여성의 이익은 남성의 손실로 간주한다. 이들에 의하면 페미니즘은 남성성과 사회의 전통적인 모델에 대한 위협이다. 예를 들면, 이는 인터넷에서 사용된 '페미나찌(feminazi)'와 '페미니즘은 너무 멀리 나갔다.(feminism has gone too far)'라는 문구에 표현되어 있다.[24] 보수적인 포퓰리스트 정당들의 증가가 젠더 관계에 미치는 영향은 대개 부정적으로 인식된다.[25] 한 가지 지표는 의회를 차지하는 여성 대표들의 수다. 예를 들어 독일 연방 하원 의원에서는 2017년 우파 대안 독일 총리(AfD)가 13.3%의 의석을 차지했지만 다른 정당에 비해 훨씬 적은 수의 여성을 지명하면서 여성 대표들의 점유율이 3% 하락했다. 결과적으로 대표자의 10.9%만이 여성으로, 여성 대표의 총 점유율이 감소했다. 이탈리아에서는 실비오 베를루스코니(Silvio Berlusconi) 전 총리가 성차별을 하고 젊은 여성들을 성매수한 것으로 잘 알려져 있음에도 불구하고 미투 해시태그가 유행하는 것과 비슷한 시기에 정치에 복귀했다.

III. 유럽평의회(Council of Europe)

유럽평의회는 유럽의 대표적인 인권단체다. 1949년에 설립된 이래로, 이 단체는 전 대륙의 인권, 민주주의, 법치주의를 수호하기 위해 노력해 왔다. 현재 약 8억 2천만 명의 시민을 가진 47개의 회원국을 보유하고 있다. 평의회는 프랑스 스트라스부르에 근거지를 둔 유럽인권재판소를 통해 유럽인권협약을 추진하였다. 2011년에는 여성에 대한 많은 폭력이 성희롱임을 명시적으로 밝힌 이스탄불 협약에 회원국들이 동의했다. 협약 제40조에는 "사람의 존엄성을 침해하는 목적이나 효과를 가지고 성적 본능에 기반하여 타인이 원치 않는 언어적, 비언어적 또는 신체적 행위를 할 경우 형사적 또는 기타 법적 제재를 받게 된다."라고 명시되어 있다.[26] 회원국들은 서로 다른 속도로 이 협약을 비준했다. 예를 들어 독일은 2017년에, 크로아티아와 그리스는 2018년에 비준했다. 2019년 8월 현재, EU 회원국 가운데 불가리아, 체코, 헝가리, 라트비아, 리투아니아, 슬로바키아, 영국은 아직 이스탄불 협약을 비준하지 않았다.

유럽평의회의 법정 의사결정 기구인 '장관 위원회'가 2019년 성차별 문제를 들고 나왔다. 그들은 '성차별에 대한 권고'를 통해 성차별을 정의했다. 이 문서에서 "성차별은 여성과 남성의 '역사적으로 불평등한 권력 관계'를 나타내는 것으로, 남녀 차별을 초래하고 사회에서의 여성의 전면적인 발전을 가로막는다."라고 명시되어 있다.[27]

다음과 같은 성차별의 완전한 정의는 여기서 주목할 가치가 있다.

> 다음과 같은 목적이나 효과를 가지고 온라인이든 오프라인이든, 공적 혹은 사적 영역에서 발생하는 것으로서 타인이 한 개인 혹은 한 집단의 사람들을 그들의 성 때문에 그들이 열등하다고 인식하여 표출한 어떠한 행위, 몸짓, 시각적 표현, 말 또는 써진 글, 훈련 또는 행동들.
> i. 개인 또는 집단의 고유한 존엄성 또는 권리를 침해하기.
> ii. 신체적, 성적, 심리적 또는 사회경제적 해를 입히거나 개인 또는 집단에게 고통을 주기.
> iii. 위협, 적대감, 비하, 굴욕 또는 공격 환경을 조성하기.
> iv. 개인 또는 집단에 대해 자율성과 인권의 완전한 실현에 대한 장벽을 구성하기.
> v. 성별 고정관념을 유지하고 강화하기.[28]

유럽평의회 문서는 성평등이 민주주의 헌법에 의해 보장되는 기본적인 인권이라고 명시한다. 따라서 회원국들에게 제안사항을 이행할 것을 권고한다. 여기에는 성차별주의를 비난하는 법률 개혁, 차별적 행위에 대한 처벌 등이 포함된다. 게다가, 그들은 직장, 공공부문, 온라인 매체 그리고 광고를 포함한 많은 분야에서 인식 제고 조치의 필요성을 강조한다. 그러나 이것들은 단지 권고사항이기 때문에, 회원국들은 이러한 생각들의 일부 또는 전부를 따르지 않을수 있다.

Ⅳ. 서유럽 및 북유럽의 미투 운동

유럽연합에게 성평등은 기본 원리다. 유럽연합은 회원국들에게 개인의 권리를 보호하고 성차별에 맞서기 위해 긍정적인 조치를 도입하도록 법률을 시행하도록 요구한다. 유럽연합은 이 문제를 구체적으로 다루기 위해 2006년에 유럽여성평등연구소를 만들었다. 여러 문제 가운데 이 연구소는 성희롱을 다루고 있다. 연구소는 설립 초기부터 정기적으로 통계를 작성했지만, 성폭력 관련 자료는 2015년에 처음으로 수집됐다. 더불어 성차별과 관련된 광범위한 주제에 대한 수많은 연구들이 준비되었다. 이러한 것들은 관련 정책에 대한 의사결정 과정을 알려준다. 2017년 10월 말, 유럽 의회는 회원국들이 기본권에 대해 체계적 법률을 통해 위반한다는 점을 들어 성희롱과 학대를 근절하기 위한 결의안을 토론을 통해 통과시켰다.[29] 이 토론 중에 여러 연사들이 의회 내 역할의 한계를 강조하기도 했지만, 노골적으로 성차별적 발언을 한 연사들도 있었다.[30] 특별한 해시태그(#MeTooEP)도 많은 기여를 했기 때문에 문제는 개별 국회의원을 넘어서는 것 같다. 이러한 비판에 고무되어, 유럽 의회는 또한 그들의 자체기관 내에서 의혹을 조사하기 위한 결의안에 동의했다. EU 법률의 시행은 회원국들에 달려 있기 때문에, 이 장에서는 유럽연합 수준이 아닌 특정 국가에 초점을 맞추어 기술한다.

1) 스웨덴

스웨덴은 높은 수준의 성평등 국가로 잘 알려져 있다. 여성평등지수 같은 글로벌 지수에서 스웨덴은 매우 높은 순위를 차지하고 있다. 성 문제에 대한 인식은 일반적으로 더 높지만, 동시에 많은 여성들은 자신들이 괴롭힘을 당하거나 학대받는다고 느낀다. 이러한 문제에 대한 민감도가 높을수록 보고율도 높아진다. 그럼에도 불구하고 미투 해시태그가 등장한 이후 활발한 논쟁이 벌어졌다. 다른 단체들은 예술(#silenceaction)과 음악산업(#themusicends), 노조(#nonnegotiable), 법조계 (#withwhatright)와 정치권(#inthecorridorsofpower)31) 등 다양한 분야에서 이러한 행동의 유행을 강조하기 위해 다양한 해시태그를 사용했다. 어떤 여성들은 가해자의 이름을 썼기 때문에, 어떤 여성들은 전통적인 뉴스 매체를 통했기 때문에 대중에게 알려지게 되었다. 이 사건들에서 언급된 남성들이 법적 절차에서 유죄 판결을 받지 않았다는 점을 고려하며 뉴스 매체는 법원의 활동에 대한 윤리적 논쟁을 시작했다. 그런데 더 중요한 것은, 성평등을 이루기 위한 모든 노력에도 불구하고, 성희롱과 위법 행위가 이 나라에 만연해 있다는 것이다.

  이것은 다양한 해시태그들이 보여주듯이 사회의 모든 측면을 다루고 있다. 몇몇 정치인들이 스캔들에 연루되어 당에서 지녔던 지위를 잃거나 사임했는데, 여기에는 스톡홀름 시 문화청장이 포함되어 있다. 좌파의 한 전직 대표는 직권남용 의혹에 이어 탈당했다. 매년 노벨 문학상을 수여하는 스웨덴 아카데미조차 이 운동에 영향을 받아 2018년 문학 노벨상을 연기했다. 이번 스캔들은 문화사업을 운영하기 위해 아카데미의 지원을 받은 프랑스 사진작가에 대해 여러 여성들이 그에게 성폭행을 당했다는 폭로를 한 이후 그가 성폭행 혐의로 수감되면서 시작됐다. 그는 아카데미 회원인 아내와 함께 아카데미의 지원을 받는 사설 문화 클럽도 운영하고 있었다. 스캔들이 터지자, 몇몇 아카데미 회원들은 아카데미의 명예를 지키기 위해 이 문제를 다루는 방식에 문제를 제기하며 사임했다.

한편, 스웨덴 정부는 미투 운동의 추진력을 포착하여 새로운 성 관련 법안을 통과시켜 2018년 7월부터 시행하고 있다. 이 법은 명시적 동의가 없는 모든 성행위를 강간으로 정의한다.[32] 이는 실제로 성폭행 피해자들이 언어적으로나 신체적으로 저항했다는 것을 굳이 입증하지 않아도 된다는 의미다. 범죄의 수를 줄이고 동시에 보다 많은 여성들이 성폭행을 보고할 것으로 기대되고 있다.[33]

2) 노르웨이

스웨덴과 마찬가지로 노르웨이는 성평등과 관련한 강력한 기록을 가지고 있지만, 미투 운동은 노르웨이도 문제가 없는 것이 아님을 보여 주었다. 해시태그가 등장하면서 더욱 많은 여성들이 발언권을 얻었다. 엔터테인먼트 산업에서 1001명의 여성 예술가들은 성폭력과 성희롱 퇴치를 외치며 언론에 선언문을 발표했다.[34] 그들의 목표는 이름을 짓는 데 있는 것이 아니라 성희롱의 범위와 용납 가능한 행동에 대한 대화를 시작하는 것이었다. 그들의 성공은 성희롱에 대한 불만이 증가하는 데에서 찾을 수 있다. 예를 들어 제3차 교육 부문에서 학생들과 교직원들 모두 성희롱 보고서의 수가 2017년 이후 현저히 증가했다.[35]

다수의 고위급 정치인들도 역시 그 운동의 영향을 받았다. 성적인 위법 혐의가 있은 후에 그들이 반드시 그들의 잘못을 인정한 것은 아니었지만 그들은 사과하고 사퇴서를 제출해야만 했다. 나이를 불문하고 모든 정당의 정치인들은 노동당의 부위원장을 포함하여 미투 운동의 영향을 받았다.[36] 이후 과거의 사건과 관련된 많은 의혹에 대해 정당들은 피해자의 주장에 대처하는 그들의 행동 부족에 대한 비난에 대답을 해야만 했다. 당사자들은 청구인을 보호하고 보고서 절차를 개선하기로 약속했다.[37] 더욱이 주요 정당들은 술을 마신 후 여성을 괴롭힐 가능성을 줄이기 위해 당 차원에서 술 마시는 것을 줄이거나 금지시키겠다고 약속했다. 이런 방법으로 미투 운동은 새로운 토론회를 열게 하고 성평등에 대한 인식을 높이는 효과를 거두었다.

3) 핀란드

핀란드는 성평등 순위에서 종종 앞서고 있지만, 성희롱과 가정폭력에 관련하여 지속적인 위기를 겪고 있다. 많은 여성들이 괴롭힘 사례를 보고하는 반면, 많은 핀란드인들, 특히 젊은 남성들은 '성희롱은 오해일 수 있다'고 생각하는 것 같다.[38] 2014년부터 신체적인 성희롱은 범죄로 규정되었지만, 언어폭력은 성희롱방지법의 적용 대상이 아니었다. 와인스틴 스캔들의 여파로 문화산업은 물론 공공기관에서도 광범위하게 괴롭힘을 당했다는 폭로가 이어졌다. 그 예시로 국회의원의 10분의 1이 직장에서 성희롱을 경험했다고 보고했다.[39] 다른 북유럽 국가들과 마찬가지로, 해시태그에 대한 아이디어는 소셜 미디어에서 괴롭힘이 발생했음을 보고하기 위해 여성들에 의해 채택되었다. 핀란드에서 스웨덴어를 구사하는 여성들은 해시태그 '댐을 뚫는(#dammenbrister)' 아래에서 성희롱 퇴치 운동을 시작했다. 핀란드어로 된 게시물이 이어졌다. 다른 북유럽 국가들과는 달리, 게시물에는 실명이 포함될 가능성이 차단되었다. 한 사례에서 4명의 여성이 성추행 혐의자의 이름을 올린 혐의로 명예훼손 혐의로 유죄 판결을 받았다.[40] 그럼에도 불구하고 부적절한 처신을 한 대표적 보수 정치인과 유명 영화감독은 공적 생활에서 퇴출되어야 했다. 이에 대한 대중과 의회에서의 논쟁은 계속되고 있다.

핀란드의 경우 논쟁은 민족주의적인 어조를 취했다. 이민자들, 특히 망명 신청자들은 대부분 민족주의자와 우익 단체들에 의해 지역 여성들에게 주요한 위협으로 여겨진다. 이는 2015년 새해 전날, 이주 남성들의 여성 폭행 사건으로 더욱 부각되었다. 헬싱키 관할 경찰차장은 최근 이주민이 유입되기 전에는 그런 일이 없었다고 공개적으로 주장했다.[41] 이에 대해 수천 명의 여성들이 지난 수십 년간 해시태그 '#lääpijä(groper)'로 성희롱 경험을 게재했다. 그 토론은 세계적인 미투 운동에 의해 재점화되었다.

4) 프랑스

프랑스에서 미투 운동은 성희롱과 위법 행위에 대한 이전의 주장과는 다른 방식으로 대중에게 공명했다. 프랑스에서는 오랜 시간 동안, 플러팅은 예술로 여겨졌고 부주의한 의견은 용감한 행위로 여겨졌다. 남성의 성적 자유는 여성의 목소리보다 우선시되었다. 정치와 예술계의 공인들은 성적 위법 행위로 비난을 받았지만 언론과 대중 담론은 이를 다만 '플러팅은 잘못된 행동'이라며 용서했다. 국제통화기금(IMF)의 도미니크 스트로스칸 프랑스 상무이사가 2011년에 뉴

욕의 한 호텔에서 메이드를 성폭행했다는 혐의로 기소되자, 프랑스 언론은 이런 의혹을 추적하기보다 미국의 사법제도를 비판하는 데 주력했다. 그 이전인 2007년, 한 젊은 언론인과 그 언론인 가족의 친구가 스트로스칸을 강간미수 혐의로 고소했지만, 그녀의 고소는 심각하게 받아들여지지 않았고 그녀의 법정 소송은 유죄판결을 받지 못했다. 마찬가지로 2016년에는 국회부의장 데니스 보핀이 음란 문자 보내기, 더듬기 등 성희롱 혐의로 고발됐지만, 사건은 재판에 회부되지 않았다. 보핀은 최초 신고 후 이들 4명을 명예훼손 혐의로 고소했지만, 2019년 4월 패소했다.[42] 이번 추문은 많은 여성들이 입을 열까 봐 두려워할 정도로 '빙산의 일각'으로 묘사됐다.[43]

연예계 내에서는 칸 영화제가 특히 주목을 받았다. 2018년 5월, 여성 배우들과 감독들은 여성에 대한 더 나은 대우를 요구하는 성명서를 읽었다. 2015년에는 하이힐을 신지 않은 여성들이 외면당해 화제가 되기도 했다. 이는 여전히 자리를 지키고 있는 비공식적인 규정이었다. 2017년 가을 와인스틴 스캔들이 터지자 에마뉘엘 마크롱 대통령은 하비 와인스틴에게서 프랑스 공식 훈장인 '레지옹 도뇌르'를 철회하겠다는 상징적인 제안을 내놓았다.

그러나 더 중요한 것은, 미투 운동이 이전의 스캔들에서는 없었던 성희롱의 본질과 유행에 대한 공개 토론을 시작하도록 했다는 것이다. 이 상태를 유지시키기 위해, 카트린 드뇌브(Catherine Deneuve)는 99명의 여성들과 함께 '나쁜 플러팅'과 '희롱'의 차이점을 제시하고, 여성들이 그것에 대해 대항할 권리를 강조하는 신문 기사를 게재했다.[44] 이 편지는 새로운 형태의 "퓨리터니즘(puritanism)"을 경고하고 남성들은 "여성을 괴롭히는 데에서 벗어나야 한다"고 주장했다. 남성들의 플러팅에 초점을 맞춘 이 토론은 언론에서 여성들의 이야기를 뒤덮도록 했다. 통계를 보면, 많은 여성들이 이에 동의하지 않은 것 같다. 최근 몇 년 동안 많은 여성들이 괴롭힘을 당했다고 보고했기 때문이다.[45] 다른 나라의 여성들과 비교했을 때, 프랑스 여성들은 낯선 사람이 자신을 부르거나 휘파람을 부는 것에 특히 민감하다.[46] 프랑스 여성들은 직접적인 캠페인에서 공격자의 이름을 올렸다는 비판을 받았다. 이 남성들은 답변할 기회도, 자신의 의견을 제공할 기회도 주어지지 않았기 때문에, 이것은 재판이 없는 판결로서 비방이라는 비판을 받았다. 이 같은 비판은 특히 2017년 10월 뉴욕에 본부를 둔 프랑스 언론인이 여성들에게 공격자 이름을 올리도록 독려하기 위해 시작한 '너의 돼지를 신고하라(#BalanceTonPorc)' 캠페인을 겨냥한 것이다.

'이제 우리는 행동한다(#MaintenantOnAgit)'는 성폭력에 항의하고 그러한 행위와 싸우는 긍정적인 방법을 찾기 위해 사용된 두 번째 해시태그이다. 이는 여성을 지원하는 프로젝트를 위한 기금뿐 아니라 주목받는 여성 아티스트들의 지원을 받고 있다. '이제 우리는 행동한다(#MaintenantOnAgit)'는 학대 및 폭력 피해자에게 법적 및 재정적 지원을 제공하는 조직을 지원하는 새로운 "여성 재단(fondation des femmes)"을 위한 기금을 모았다. 재단의 이면에 있는 개념은 여성들이 침묵을 지키기보다는 경찰에 학대를 고발하도록 유도하는 것이다. 이 이니셔티브는 또한 정부에 의해서도 지원된다.[47] 에마뉘엘 마크롱 대통령은 이 문제를 해결하기 위해 더 많은 평등을 위한 투쟁을 자신의 정부의 큰 과제 중 하나로 선언했다. 성차별과 성폭력과의 싸움을 강화하기 위한 법률 제의가 2018년 도입되었다.[48]

2018년 8월, 캐터링(catcalling) 및 음란 행위에 대한 현장 벌금 제도가 도입되어 현장에서 최대 750유로의 벌금이 현장에서 부과되도록 했다. 처음 8개월 동안 법원은 447건의 벌금을 선고했다.[49] 마크롱 대통령은 가정폭력 피해 여성 쉼터 예산과 추가 교육 대책에도 추가 자금을 투입했다.

5) 독일

독일에서는 일상생활에서의 성희롱이 와인스틴 스캔들 이전부터 활발한 논쟁의 대상이 되어 왔다. 2013년 한 기사는 저명한 정치인의 부적절한 발언을 부각시켰다. 이 글은 트위터 캠페인인 '폭동 함성(#Aufschrei)'으로 이어졌다.[50] 이 기사는 활동가들에게 그녀의 개인적인 경험을 게시하도록 자극하고 그 해시태그를 달도록 했다. 곧, 많은 여성들이 불평등과 성희롱의 경험을 공유하기 위해 합류했고, 1주일 내에 8만 5천 개가 넘는 게시물이 올려졌다. 이것은 주류 언론으로 하여금 이에 대한 문제들을 다루도록 자극했다. 이는 공공 담론의 중심에 독일에서 벌어지는 일상적인 성차별과 성희롱에 대한 논쟁을 야기했다. 그 토론은 남성과 여성 사이뿐만 아니라 다른 세대 사이에 일상의 성희롱에 대한 이해에 차이가 있다는 점을 강조했다. 젊은 여성들은 성평등이 대부분 달성되었다고 믿으면서 자라왔기 때문에, 그들은 공적, 사적 생활에서 일상적으로 벌어지는 성적 농담, 곁눈질, 부적절한 접촉에 반대한다. 많은 비평가들에게는 '플러팅'과 성희롱 사이의 경계가 모호해지고 이는 개인적인 해석의 대상이 되는 것처럼 보였다.[51] 이러한 반발에도 불구하고, 성평등에 대한 고양된 인식은 성에 대한 인식을 높이는 데 도움이 되었다.

이런 범죄에 대한 성희롱 논란과 경찰의 대응은 2016년 초 공개 의제로 돌아왔다. 쾰른과 다른 도시들에서 열린 새해맞이 행사 동안, 상당수의 젊은 남성들(종종 북아프리카에서 유래)이 기차역 근처에 모였고 자정 무렵에는 주로 젊은 여성들을 에워싸고 성적으로 괴롭혔다. 상대적으로 낮은 경찰력 때문에, 많은 여성들이 그러한 공격에 희생되었다. 쾰른에서 그날 밤 약 1200명의 여성들이 폭행을 당했고, 다른 도시에서도 더 많은 여성들이 폭행당한 것으로 추정되었다.[52] 경찰에 대한 보도에도 불구하고, 경찰의 초기 반응은 테러의 전모를 깨닫지 못한 채 평화로운 저녁이 있었음을 대중에게 보고하는 것이었다. 비록 많은 여성들이 그 후에 폭행 사실을 보고하기 위해 나섰지만, 가해자들의 신원을 확인하는 것은 어려운 것으로 밝혀졌다. 재판에 회부된 사람은 극히 드물었고, 대부분은 짧은 형을 받았다. 대부분의 가해자들은 북아프리카 출신이었고 최근 독일에 도착한 사람들로서 망명 신청자나 불법 이민자들이었다. 이 성폭행 사건으로 독일에 대거 입국한 난민들에 대한 논란이 가열됐다. 그것은 또한 회교도들에 대한 편견과 여성에 대한 그들의 악감정을 부추겨서 그 담론을 인종 차별적인 논쟁으로 전환시켰다.

성희롱과 일상의 성차별에 대한 이러한 논쟁의 결과로, 2016년에 성희롱과 관련된 새로운 법안이 도입되어 부적절한 신체 접촉과 기타 행동에 대한 법적 보호를 제공하였다. 또 가해자뿐 아니라 가해 행위를 지켜보기만 한 사람도 재판에 넘길 수 있게 되었다. 게다가, 강간 관련 법률에서 충분한 저항 항목에 언어적 저항을 포함하도록 확대되었다. 이것은 구어로 "아닌 건 아닌 거야!(No means no!)"라고 알려져 있다.

이러한 법적 정의의 변화는 미투 해시태그의 출현과 동시에 2017년에 강간과 성희롱에 관한 보고서의 증가를 가져왔다. 미투 해시태그 아래의 게시물은 강간에서부터 늑대 휘파람까지 심각도가 다양하여 폭력적인 공격의 희생자들로부터 오히려 초점을 빼앗았다는 비판을 받았다. 이는 이러한 사건들이 그러한 행위를 저지르는 데 있어 남성의 특권을 공유한다는 주장에 의해 반박되었다.[53] '폭동 함성(#Aufschrei)'이 이미 개인적 경험의 보고로 이어졌기 때문에, 이 미투 게시물은 임금 격차, 지도자 지위에서의 여성 부족과 같은 더 넓은 성별 차이에 초점을 맞추었다.

한편 이 해시태그는 연예계를 더 면밀히 들여다보게 했다. 영화와 연극 계에서 많은 저명한 감독들은 부적절한 행동을 했다는 혐의를 받았다. 이러한 보고에 대한 직접적인 반응으로서, 텔레비전, 영화, 극단 단체는 피해자들이 사건을 보고할 수 있는 기밀 기관을 만들었다.

6) 영국

영국에서 논쟁 초반에는 와인스틴 사건과 엮인 미국과 영국의 배우들에게 초점이 맞춰졌으나 이후에는 국내 문제로 돌아섰다. 공연예술에서 가장 유명한 가해자는 런던의 올드 빅 극장(Old Vic Theatre)의 전 예술 감독인 미국인 배우 케빈 스페이시(Kevin Spacey)였다. 그는 1980년대 젊은 배우에게 부적절한 행동을 했다는 혐의로 소환되었고 그 후 다른 사람들에 의해 더 많은 의혹이 제기되었다. 설문조사에 따르면 창작 산업 내에 성희롱과 괴롭힘이 널리 퍼져 있고 이에 대한 불만은 종종 적절히 처리되지 않는 경우가 있다.[54] 영국 연기 산업을 선도하는 회원들은 타임즈업(#TimesUp) 캠페인의 일환으로 여성단체들을 돕기 위해 '정의와 평등 기금'(Justice and Equality Fund)을 설립했다. 기증자 중에는 전에 여성 문제에 대해 이미 목소리를 낸 적이 있는 엠마 왓슨, 키이라 나이틀리, 조디 휘테커도 있다. 이 기금은 북아일랜드에 강간 위기 센터를 설립하는 등의 여성을 돕는 단체에 이전의 보조금 폐쇄에 대응해 12년 동안 보조금을 지급한다.[55]

이 움직임은 연예산업을 넘어 빠르게 확산되었다. 영국의 정치계는 곧 심각한 성희롱 혐의에 휩싸였다. 의회의 하급 직원들은 그들의 경험을 발표하도록 자극을 받았는데 이는 곧 국회의원들과 다른 다른 직원들 사이에서 제기된 혐의에 대한 목록을 발표하도록 이끌었다.[56] 미확인된 혐의에 대한 발표는 다양한 반응을 이끌었지만, 피해자가 자신의 이야기를 앞으로 들고 나오면서 정부는 학대를 알리기 위한 핫라인을 설치하고 독립적인 고충 처리 절차를 약속했다. 또한 마이클 팔론(Michael Fallon) 국방 장관과 다미안 그린(Damian Green) 부총리를 포함하여 정부의 몇몇 구성원도 사임했다. 팔론은 여성 기자와의 부적절한 행동으로 사임한 반면, 그린은 활동가를 희롱하고 업무용 컴퓨터에서 포르노를 본 것으로 기소된 후 사임했다. 다른 정치인들도 또한 젊은 여성이나 정당활동가, 언론인에 대한 부적절한 행동 때문에 조사를 받았는데, 이는 가치관이 변화하면서 마침내 여성들이 목소리를 낼 수 있는 권한이 있다고 느끼고 있음을 보여 준 사례이다.

다른 국가와 마찬가지로 이 움직임은 '적절한' 행동에 대한 토론의 시발점이 되었다. 2018년에 실시된 한 연구에서 영국 남녀의 약 3분의 1이 그러한 문제에 대해 논의한다면 부적절한 행동에 반대할 가능성이 높다고 주장한다는 점을 발견했다.[57] 응답자의 절반 이상이 "지난 12개월 동안 다른 사람들이 생각하는 어떤 행동은 받아들일 수 있으나 어떤 행동은 받아들일 수 없었다는 것에 변화가 있었다"는 질문에 동의했는데, 65세를 초과하는 남녀와 젊은 사람들에게서 더 많은 동의를 얻었다.[58] 이 논의는 1990년대 청년들 사이에서 등장한 하위 문화인 '라드 문화(lad culture)'에 대한 보다 광범위한 담론과 관련이 있는데, 그 문화는 과음과 성차별에 찬성하며 반지성주의를 부추겼다. 이러한 사고방식에서 보면 성희롱과 차별은 남성들 사이에서 올바른 행동이며 '핫한' 여성에 대한 경의로 여겨진다. 이 문화가 대학의 젊은 남성들 사이에 널리 퍼져 특히 문제가 된다. 미투 운동이 캠퍼스로 확산되고 다루어지기까지 지체가 되기 때문이다. 그런데 그러한 행동은 학창 시절을 넘어 비즈니스와 정치 계에서 최고 위치에 도달할 때까지 지속된다. 이것은 파이낸셜 타임즈에 발표된 2018년 1월 연례 회장 클럽 자선 만찬에 대한 보고서로 실증되었다.[59] 이 남성 전용 행사에서 기업 및 정계의 주요 인사들은 돈을 받고 참석한 호스티스들에게 대규모로 성희롱, 부적절한 제안 및 행동을 했다. 이 호스티스들은 이들의 행동을 밖에 알렸고, 이 행사는 중단될 것이라고 발표되었다.

미투 운동은 비즈니스 세계에서도 반향을 일으켜 수많은 소매 회사의 소유주인 필립 그린(Philip Green) 경의 고공 행진을 끝내도록 했다. 성희롱, 괴롭힘 및 인종차별에 대한 그린의 혐의는 2018년 10월에 공개되었으며 그는 이를 부인했다. 초기에 이 사업가는 비밀

유지 계약을 통해 피해자를 침묵하도록 했다. 이는 언론이 그의 이름을 언급할 수 없음을 의미했다.(하비 와인스틴도 일부 피해자와 비슷한 계약을 했다). 신문 보도에 따르면 그들은 스캔들과 관련된 사업체의 이름을 언급하는 것이 금지되었지만, 하원의원들은 공익적 관심이라는 명분하에 자신들의 특권을 이용해 그린의 이름을 언급했다. 와인스틴과 스트라우스-칸처럼 이 사건은 권력자들이 얼마나 자신의 직위를 남용해 직원들을 괴롭히고는 그러한 행동에 대한 처벌을 벗어나려고 애쓰는지를 부각시켰다.

7) 스페인

전세계 미투 운동에 대한 언론의 보도는 스페인의 많은 여성들이 성희롱에 반대하고 자신의 경험을 알리도록 독려했다. 2018년 3월 8일 국제 여성의 날에 스페인 전역의 여성들은 차별에 항의하기 위해 2시간 동안 파업을 벌였다. 파업은 여러 정당으로부터 폭넓은 지지를 받았다.[60] 2019년 총선에서는 여성 페미니스트, 좌파 정당이 과반수를 차지하여 여성의 비율이 47.9%로 최고치를 갱신했다. 정부는 성범죄에 관한 법률 수정을 요청받았으나 지금까지는 이행하지 않았다.

2018년 봄, 나바라 주 법원의 강간 재판으로 야기된 여성(그리고 남성)의 분노는 국제적으로 주목을 받았다. 2016년, 팜플로나에서 열린 산 페르민 축제 기간 동안 18세의 여성이 다섯 명의 남성에 의해 강간을 당했다고 보고되었다. 소셜 미디어에서 자신들을 '울프팩'이라고 불렀던 남성들은 그녀를 건물 복도로 밀어 넣고 그들의 행위를 촬영했다. 그들은 이후 소셜 미디어에서 그들의 행동을 자랑했다. 재판 기간 동안 언론과 방어 세력은 젊은 여성에게 초점을 맞추고, 그녀를 교차 조사하며 그것이 합의된 성관계였음을 보여 주며 그녀를 불신하려 했다. 스페인 법은 폭행을 강간으로 간주하려면 '폭력이나 협박의 증거'를 내야 한다고 요구했다. 이 경우 판사는 그 증거를 보지 못했는데, 비디오에서는 여성이 끔찍한 일을 겪는 내내 소극적인 것을 넘어 폭행에 저항했다는 증거를 보여주지 않았기 때문이다. 판사는 남자들을 강간죄로 유죄를 선고했으나 성폭행에 대한 위법행위는 줄어들었으며 이로 인해 남자들은 가벼운 형을 선고받았다.(9년의 징역과 피해여성에게 50,000유로의 손해 배상). 양측은 판결에 불복하여 항소하였고 가해자는 보석으로 풀려났다. 판결은 2018년 12월 고등법원에 의해 확정되어 현재 대법원에서 판결을 할 예정이다.[61] 국내와 국제 사회의 분노가 종종 미투 '나도 그렇다(#yotambíen)' 해시태그와 함께 뒤따랐다. 해시태그 '우리 여성은 당신을 믿는다(We women believe you)'는 소셜 미디어에서 또 다른 인기 있는 트랜드가 되었다.

운동가들은 해시태그 '그것을 말해(#cuéntalo)' 아래 성범죄에 대한 더 엄격한 형벌을 요구하기 위한 또 다른 캠페인을 시작했다. 여기에 살해당한 여성의 친구나 친척의 말을 포함해 성폭행을 당한 여성에 관한 게시물이 추가되었다.[62] 2018년 예술계는 직장, 특히 예술 분야에서 학대받은 여성들의 증언을 수집하기 위해 공연을 시작했다. 그들은 여성들에게 힘을 실어 주고 여성을 지원하는 공동체를 만들기를 희망했다.[63]

8) 이탈리아

이탈리아의 미투 경험은 다른 유럽 국가와는 상당히 다르다. 이탈리아는 '남존여비(machismo)' 문화와 성별 관계에 대한 전통적인 이미지로 유명한데 그러한 전통은 피해자가 상대의 성적 공격을 앞으로 나와 발언하기 힘들게 하였다. 강간 사건들은 법정에서 기각되기 일쑤였는데 그 이유는 피해자가 '너무 남성적'이거나 '청바지'를 입었기 때문이라는 것이었다. 그중 두 판결은 이후 고등 법원에서 뒤집혔지만 말이다.[64] 이탈리아에는 아직도 성희롱에 관한 법률은 존재하지 않는다. 정계에는 여성이 거의 없으며, 와인스틴 사건이 발생하자 실비오 베를루스코니(Silvio Berlusconi) 전 이탈리아 총리는 정계로 복귀하려 하고 있었다. 베를루스코니는 성차별주의자로, 그리고 매우 젊은 여성들, 매춘부들과 섹스 파티를 개최한 것으로도 유명하다.

이러한 남성 중심적인 사회 환경의 결과로, 성적인 위법 행위에 대한 혐의는 대개 추적되지 않는다. 여성들은 주세페 토르나토레(Giuseppe Tornatore) 감독과 파우스토 브리찌(Fausto Brizzi) 감독, 하비 와인스틴 감독, 와인스틴 본부장 등을 성추행 혐의로 고소했지만 이 같은 주장은 순식간에 뉴스에서 사라졌다.[65] 하비 와인스틴을 강간 혐의로 기소한 최초의 여성 중 한 명은 이탈리아의 여성 배우 아시아 아르젠토(Asia Argento)였다. 그녀는 16살 때 무명의 이탈리아 배우이자 감독이 그의 트레일러에서 그녀의 앞에 자신의 성기를 꺼냈다고 언급했다. 나중에 그녀 자신이 미성년자 소년과 음란한 행동을 했다는 비난을 받았을 때, 언론은 피소된 남성들과는 대조적으로 그 내용을 상세히 보고했다. 해시태그 '그 시간은 언제 (#Quellavoltache)' 하에서 초기 혼란스러운 트윗이 난무하자 대중들의 관심은 다른 주제로 쏠렸다.66) 우익 신문 '리베로(Libero)'는 직장에서 성희롱에 대해 호소하는 여성을 '우는 소리'라고 묘사하는 기사를 1면에 냈다.

9) 그리스

그리스는 금융 위기와 2014년 이후의 난민 유입으로 더 많은 어려움에 직면하고 있다. 이러한 위기에 직면하여 성희롱과 미투 운동은 훨씬 적은 주목을 받았다. 그리스인의 3분의 2 이상이 공통적으로 여성에 대한 성희롱이 있다고 생각하지만 성희롱을 경험한 여성의 비율은 43%에 달했다. 한 연구는 정신과 교육의 부족이 성희롱에 대한 인식에 영향을 미친다는 것을 발견했다.67) 전통적인 태도는 피해자들과 사회 전반에 걸쳐 계속해서 영향을 미치고 있다. 허용되는 행동과 괴롭힘 사이의 경계가 항상 명확하지 않으며 남성의 잘못된 행동은 무지에 의해 쉽게 용서될 수 있었다. 법률이 있음에도 종종 당국은 여성을 보호하기 위해 행동하지 않는다. 마찬가지로 특히 농촌 지역의 여성은 성희롱을 신고할 가능성이 낮다. 직장 내 괴롭힘의 경우에도 여성은 이를 신고하면 직장을 잃는 것을 우려하여 덜 신고하는 경향이 있다. 이러한 분위기에서 미투 운동은 잘 이루어지기 힘들 것이다.

V. 동유럽의 미투 운동

1) 동부 유럽

초기 통계에서 알 수 있듯이, 성희롱에 대한 인식과 실제 보고는 다른 EU 회원국들보다 동유럽에서 더 낮다. 가정폭력 신고에도 마찬가지다. 이는 남자들이 그곳에서 덜 폭력적이거나 덜 공격적이라는 것을 의미하는 것이 아니다. 다만 그러한 범죄를 언급하려는 인식과 의지가 다름을 드러내는 것이다. 그림 4는 (중앙유럽을 제외한) 매우 광범위한 지역적 구분을 사용하여 지역별로 대략적인 평균을 보여 준다. 북유럽의 여성들은 가정폭력을 경험했다고 진술할 가능성이 거의 두 배나 높다. 유럽 전역의 운동가들 사이에서 두 가지 다른 초점을 관찰할 수 있다. 서유럽과 북유럽 국가들에서 최초의 초점은 성희롱, 특히 문화 산업에서의 그것에 있었다. 반면에 동유럽과 남동 유럽에서 미투 캠페인은 성희롱보다는 특히 가정에서의 성폭력에 초점이 맞춰졌다.

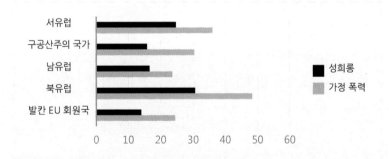

출처: EU AFR (2014)

〈그림 4〉 EU 국가들 내 여성의 성희롱 및 가정폭력 경험, 평균(%)

미투 운동의 확산은 서유럽과 동유럽 사이에 차이를 보여 준다. 서부 지역은 동유럽과 같은 소셜 미디어와 공개 토론보다 해시태그나 지역적 다양성 아래 훨씬 더 많은 활동을 보였다. 미투 해시태그에 대한 공명이 약한 이유는 나라마다 다양하지만, 공산주의의 유산이 지역 전체에 걸쳐 한 역할을 했다. 1940년대 후반에서 1980년대 후반 사이에 공식 교리는 여성에게 남성과 같은 권리를 부여했다. 이것은 페미니스트 운동의 발전과 양성 평등에 대한 인식을 중단시켰다. 이러한 양성 평등의 관념은 종종 사회 내의 성 인식으로 스며들지는 않았다. 이로 인해 공적 생활과 사적 생활 사이에 여성의 위상에 큰 차이가 생기게 되었다. 여성들이 이런 문제를 다룰 언어가 부족해지자 성폭력은 계속 번성했다. 공산주의 당국은 이러한 태도에 이의를 제기하지 않았다. 당국은 이러한 사건에 대한 불만을 계속 제기하기를 꺼리고 있으며 대신에 여성들을 비난하는 경향이 있다.[68]

EU 동부 회원국들도 이스탄불 협약 비준을 꺼리고 있다. 이는 이 지역의 성평등에 대한 인식 부족과 우선 순위 부여를 반영한 것이다. 몇몇 나라들은 페미니스트 사상을 싫어하고 단념시키려 하는 보수적인 정부를 가지고 있다. 예를 들어 불가리아에서는 이 협약이 전통적인 가족 가치에 대한 위협으로 보여진다. 여기에는 동성애 결혼 등 다른 생활양식에 대한 수용 부족뿐 아니라 사회에서의 여성의 입지도 포함된다.[69]

헝가리의 경우 자유롭지 못한 정치적 풍토를 지닌 빅토르 오르반 정부가 그곳의 미투 운동을 지지하지 않았다. 예술과 연극계의 일부 주요 회원들은 이름 부르기와 수치를 당했지만, 공개 토론에서 보고서와 희생자 비난이 우세하다며 보고를 거부했다.[70] 보고 방식은 또한 그들의 광범위한 영향을 제한했다. 많은 사람들이 페이스북에 개인 게시물로 게시했기 때문에, 이야기는 더 많은 사람들에게 공개되지 않고 친구 그룹 내에 남아 있었다. 문화기관들은 이러한 주장에 대해 태도 및 행동의 변화를 가져오기 위해 단결된 전선을 형성하기보다는 내부적으로 해결하자고 제안했다.[71]

폴란드에서는 여배우 알리사 밀라노(Alyssa Milano)의 초기 트윗에 즉시 반응하여 해시태그 "#JATez" 아래에 미투 스타일의 게시물이 번성했다. 일주일 내에 약 3만 6천 개의 게시물이 집계되었다. 전통적인 매체들도 포스트와 스토리에 집중했다.[72] 그러나 일단 초기 활동이 끝나자, 게시물의 수가 급격하게 줄어들었고 정치적 논쟁은 다른 화두로 옮겨갔다. 따라서 그 영향은 매우 제한적이었다.

불가리아에서는 미투 운동이 더 광범위한 논쟁에 놓이고 2018년에 다시 궤도에 올랐다. 해시태그는 여성의 권리를 위한 광범위한 캠페인의 일환으로 사용되었다. 위에서 언급한 바와 같이 보수당 불가리아 정당들은 이스탄불 협약에 반대하고 이를 저지하는 것을 목표로 하고 있다. 2018년 여름, 헌법재판소는 이 협약이 불가리아 헌법에 위배된다고 판결했다.[73] 페미니스트 운동가들은 미투 해시태그를 사용하여 이 결정에 반대하며 활동 중 경험했던 길거리 성희롱을 강조하였다.[74]

에스토니아에서 언론의 초점은 하비 와인스틴을 둘러싼 새로운 이야기, 혐의의 성격과 보도 지연에 관한 것이었다. 그 나라 내에서의 성관계와 연관되어 있는 것은 거의 보도되지 않았다. 미투 운동은 따라서 에스토니아에서는 전혀 발전되지 않았다.[75]

마찬가지로, 체코에서도 해시태그는 궤도에 오르지 못했다. 체코

유럽 집행위원인 베라 유로바(Věra Jourová) 등을 포함한 몇몇 유명한 여성 정치인들은 다른 여성들을 격려하고 그들을 지원하기 위해 성희롱의 경험을 보고했다.[76] 그러나 선도하는 정치인과 법률 전문가들의 메시지에 의해 그들의 주장은 빛을 잃었다. 그들 정치 엘리트들은 이 운동에 반대하는 목소리를 냈는데, 불만을 제기하는 여성들이 단지 대중적인 관심만을 추구한다는 것이 그 이유였다. 그리고 공공장소에서 여성들에 대한 그들의 (종종 터무니없는) 행동을 열거했다.[77] 이런 풍토에서는 여성이 목소리를 내거나 그들의 목소리를 듣기가 어렵다.

2017년 말 의회 의원 등 루마니아 여성 수백 명이 미투 해시태그에 성희롱 이야기를 게시했지만, 더 이상의 조치는 없었다. 루마니아 경찰 지도자들은 여성의 폭행 신고 비율이 매우 낮다는 점에 비추어, 이 토론을 통해 여성들이 그러한 폭행 사실을 보고하도록 장려했다.[78] 그러나 성관계와 성폭력에 대한 태도 등에 대한 광범위한 논쟁은 전개되지 않았다.

러시아 사회는 가정폭력의 발생률이 높은 가부장적, 성차별적, 마초적 태도로 여전히 특징지어진다. 2017년 초, 중상을 입히지 않은 경우 가정폭력으로서 중범죄로 처벌하지 않는 새로운 법이 시행되어, 피해자에 대한 지원이 더욱 감소하였다.[79] 러시아 정교회 지도자들 역시 페미니즘을 위험하다고 비난하고 있으며 동성애는 여전히 범죄로 취급되고 있다.[80] 미투 해시태그와 함께 소셜 미디어에 게재된 이야기들은 정치인들로부터 큰 인지도나 지지를 얻지 못했다. 블라디미르 푸틴 대통령은 공개적으로 이 운동에 반대하고 앞으로 나올 여성들의 동기에 의문을 제기했다.[81] 러시아 국회의 대변인을 포함한 저명한 정치인들은 괴롭힘으로 기소되었지만 그들은 모든 혐의를 벗었다. 그 대변인은 그후 여성 기자들은 대리인들의 행동이 마음에 들지 않는다면 그 직업을 바꿔야 한다고 언급했다.[82] 전국적으로 성희롱과 폭력에 대한 인식은 낮으며, 종종 피해자들은 도움을 받기보다는 비난받고 수치를 당한다. 해시태그 '나는 공공의 관심이 필요하다(#Mnye_Nuzhna _Glasnost)'는 2019년 트위터를 통해 성희롱 사례를 보고하기 위해 시작되었다.[83] 2019년 여름, 가정폭력에 대한 인식을 제고하기 위해 인스타그램에서 해시태그 '나는 죽고 싶지 않다(#I_don't_want_to_die)'가 나타났다.[84] 정치와 사회 지도자들의 실질적인 저항에 비추어 볼 때, 이 운동이 러시아 여성들에게 긍정적인 변화를 가져다줄지는 두고 볼 일이다.

2) 동남 유럽

그림 5의 통계에서 알 수 있듯이, 많은 여성들은 성희롱을 경험했다고 말하고 있지만, 그 수치는 EU 평균보다 낮다. 관습뿐만 아니라 종교적, 문화적 신념도 성희롱을 묵인하고 성희롱이 피해자가 잘못해 벌어진 일로 여기게 하는 경향이 있다. 성폭력은 서유럽보다 이 지역에서 더 광범위하게 퍼져 있다.[85] 이것은 또한 미투 운동의 초점을 더 광범위한 물리적 폭력의 문제로 전환시켰는데 이때 여성은 종종 상대방의 손아귀에 있는 경우가 있다. 남성 학대자들은 종종 권력의 위치에 있는 반면, 기관들은 종종 여성들을 비난한다.[86] 가부장적이고 남성 중심적인 성 인식 때문에 사람들은 남성들이 여성들 때문에 그렇게 행동한 것이라며 여성들을 비난한다. 예를 들어,

유럽의 남동부 국가들에 대해 OECD가 실시한 조사를 보자. 43%의 여성은 그들의 친구들이 남자가 그의 아내/파트너에게 누가 보스인지 보여 주는 것이 중요하다는 데 동의할 것이라고 생각했다.[87] 전통적 가치와 피해자 비난 인식은 보고율에 영향을 미친다. 성희롱과 범죄에 대해 말하는 여성은 거의 없는데, 피해자들은 이것이 가족의 명예를 더럽히는 것으로 보기 때문이다.[88] 정보 부족은 또한 성폭력을 보고하는 여성의 수를 감소시킨다. OECD 조사 결과, 단지 23% 여 여성만이 성폭력 상황에서 누가 방향을 바꿀지 안다고 느꼈다고 응답했다.[89]

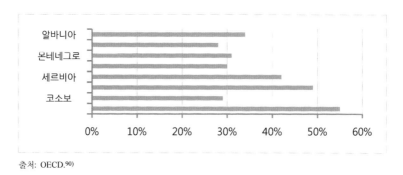

출처: OECD.[90]

〈그림 5〉 발칸반도의 15세 이상 여성의 성희롱 경험

훨씬 낮은 규모지만 발칸 국가 여성들도 미투 해시태그 아래 성희롱에 관한 이야기를 공유했다. 이 지역 전역의 페미니스트들은 와인스틴 스캔들이 터진 후 가정, 직장, 거리에서 여성들을 상대로 한 폭력에 대한 토론을 시작했다. 유명 여배우들의 트윗과는 대조적으로, 남동 유럽의 게시물들은 대부분 개인적 범위 안에 간직돼 있었다.

그래서 초점이 개인적인 이야기가 아니라 남성의 체계적인 권력 남용에 대한 인식을 높이는 데 맞춰졌다.[91] 그러나 이 논쟁은 페미니스트계를 넘어서는 일은 거의 없었고 따라서 뚜렷한 결과를 가져오지 못했다. 몇몇 국가에서 개별 여성들은 가해자들을 법정에 세울 수 있었지만, 이로 인해 종종 가상 및 현실 세계에서의 괴롭힘과 위협이 포함된 개인의 희생이 보고되었다.[92]

발칸 전쟁 기간인 1990년대에는 보스니아 세르비아군과 세르비아 준군사조직 (및 다른 전투원)에 의해 자행된 캠페인과 인종 청소 과정에서 여성에 대한 조직적인 강간이 테러의 한 수단으로 행해졌다.[93] 그러나 가해자들은 결코 법정으로 끌려가지 않았고 일부는 계속해서 피해자들과 가깝게 살았다. 많은 희생자들은 수치심 때문에 그들의 시련을 말하지 않았다. 일부는 아내가 더럽혀졌다고 생각하는 남편들의 가정 학대에 고통받았다.[94] 보스니아에서는 성폭력이 지속적으로 다루어지지 않는다. 여성들은 자신이 피해자라는 사실에 부끄러움을 느끼고 경찰이 혐의에 대해 비웃고 있다고 보고했다.[95]

북마케도니아로부터의 보도는 더욱 고무적이다.[96] 여성들은 이 나라에서 사용되는 두 언어인 마케도니아어와 알바니아어로 해시태그 '나는 이제 말한다(#ISpeakUpNow)' 아래에서 그들의 이야기를 나누기 시작했다. 대부분은 대중으로부터의 수치심을 피하기 위해 페이스북과 트위터 중 그들의 개인 서클에 게시했다. 이러한 게시물들은 성희롱의 발생 정도를 확인하고 교육과 같은 특정 관심 분야의 정책을 설정하는 데 도움이 되었다. 국무총리와 여러 부처들이 이 캠페인을 지지했지만, 성차별을 방지하고 성관계 변화를 위한 구체적인 방안은 실행하기가 더욱 어렵다.[97]

Ⅵ. 결론

미투 해시태그가 트위터에서 처음 유행한 지 2년이 지났다. 그 이후, 이것은 성희롱을 당한 여성들이 자신들의 이야기를 들려 줄 목적으로 다양한 나라에서 많이 사용되었다. 처음에는 개인이 나섰지만, 점차 행동으로 실천할 수 있는 단체와 기관으로 주체가 옮겨갔다. 반응은 나라마다 다르지만 유럽 전역에서 성희롱을 끝내기 위해 해야 할 일이 많다는 것을 강조하고 있다. 성관계에 대한 의식과 권력의 불균형에 대한 영향력이 널리 인식되기 전까지 여성들은 계속해서 고통받을 것이다.

주

1) Keitlynn Mendes, Jessica Ringrose, Jessalynn Keller, #MeToo and the Promise and Pitfalls of Challenging Rape Culture through Digital Feminist Activism, European Journal of Women's Studies 25 (2), 2018, pp.236-246.

2) Dubravka Zarkov, Kathy Davis, Ambiguities and dilemmas around #MeToo: #ForHow Long and #WhereTo?, European Journal of Women's Studies 25 (1), 2018, pp.3-9.

3) 경우에 따라 영어로 된 해시태그가 사용되지만 비슷한 트랜드를 표현하기 위해 현지 언어로 된 해시태그가 사용되기도 한다.

4) Norway film legend attacks #metoo movement, The Local, 16 August 2018. https://www.thelocal.no/20180816/norway-film-legend-attacks-metoo-movement.

5) Eurobarometer, Special Eurobarometer 449 Gender Violence, Brussels, 2017. http://ec.europa.eu/commfrontoffice/publicopinion/index.cfm/Survey/index#p=1&instruments=SPECIAL

6) Ibid., p.51.

7) European Union Agency for Fundamental Rights(EU AFR), Violence against women: an EU-wide survey. Vienna, 2014, p.98. https://fra.europa.eu/en/publication/2014/violence-against-women-eu-wide-survey-main-results-report.

8) Helge Hoel, Maarit Vartia, Bullying and sexual harassment at the workplace, in public spaces, and in political life in the EU, Study for the FEMM Committee of the European Parliament, 2018. http://www.europarl.europa.eu/supporting-analyses; YouGov, YouGov/Eurotrack Survey Results, 2017. https://yougov.co.uk/topics/lifestyle/articles-reports/2017/11/01/sexual-harassment-how-genders-and-generations-see- (popup:search/sexual%20harassment%20;type=surveys).

9) Helge Hoel, Maarit Vartia, op.cit., p.73.

10) Eurobarometer, op.cit. 질문은 다음과 같다. 남성의 가장 중요한 역할은 돈을 버는 것이다, 여성의 가장 중요한 일은 가정과 가족을 돌보는 일이다, 여성은 남성보다 감정적인 결정을 내릴 가능성이 높다, 남성은 울 수 있다. 연구자들은 각 국가를 상대로 전체 답변을 얻고 각 답변당 0-5의 점수로 지수를 만들었다. 여기에서 5는 고정관념을 지닌 '강한 동의'를 나타낸다. 연구자들은 4가지 답변의 결과를 결합하여 고정관념 지수를 만들었는데, 20점이 가장 높은 점수이다. 계산된 평균 점수가 높을수록 성별 고정관념이 강하다.

11) EU AFR, op.cit., p.99.

12) 2012년도에 실시된 조사에서 다음의 성희롱 항목이 제시되었다. 불쾌한 행동, 포옹이나 키스, 성을 암시하는 말이나 농담, 부적절한 데이트 신청, 사생활이나 외모에 대한 거슬리고 불쾌한 질문, 부적절한 시선, 노골적인 성행위 사진 발송, 신체 노출, 자신의 의사에 반한 음란물 제시, 성적으로 불쾌한 이메일이나 SMS 수신, 소셜 네트워킹 사이트의 공격.

13) Ibid., p.17.

14) Analia Torres, Dália Costa, Helena Sant'Ana, Bernardo Coelho, Isabel Sousa, Sexual harassment and bullying in the workplace in Portugal. Policy Brief, Interdisciplinary Centre of Gender Studies, CIEG, Lisbon, 2016.

15) Le Monde, « Nous défendons une liberté d'importuner, indispensable à la liberté sexuelle », LeMonde, 9 January 2018. https://www.lemonde.fr/idees/article/2018/01/09/nous-defendons-une-liberte-d-importuner-indispensable-a-la-liberte-sexuelle_5239134_3232.html; Nicole Sagener, „Maischberger": Thomallas #MeToo-Kritik löst Diskussion aus. Der Westen, 14 December 2017. https://www.derwesten.de/kultur/fernsehen/maischberger-thomalla-sorgt-mit-meetoo-kritik-fuer-aerger-id212849843.html.

16) YouGov, op.cit.

17) Ibid., p.6.

18) Rosalind Gill, Postfeminist media culture: Elements of a sensibility. European Journal of Cultural Studies 10 (2), 2007, pp.147~166.

19) Rosalind Gill, op.cit.

20) Kirsti K. Cole, "It's Like She's Eager to be Verbally Abused": Twitter, Trolls, and (En)Gendering Disciplinary Rhetoric. Feminist Media Studies 15:2, 2015, pp.356~358; Emma A. Jane, 'Your a ugly, whorish slut': Understanding e-bile. Feminist Media Studies 14 (4), 2014, pp.531~546.

21) Keitlynn Mendes et al., op.cit.

22) Darren Nixon, 'I Can't Put a Smiley Face On': Working-Class Masculinity, Emotional Labour and Service Work in the 'New Economy', Gender, Work and Organisation 16 (3), 2009, pp.300~322.

23) Analia Torres et al., op.cit.

24) Kirsti K. Cole, op.cit.; Birgit Kelle, Dann mach 'doch die Bluse zu. Ein Aufschrei gegen den Gleichheitswahn. Aßlar: Adeo, 2013.

25) Heli Askola, Wind from the North, don't go forth? Gender equality and the rise of populist nationalism in Finland. European Journal of Women's Studies 26 (1), 2019, pp.54~69.

26) Council of Europe, Council of Europe Convention on preventing and combating violence against women and domestic violence, 2011. https://www.coe.int/fr/web/conventions/full-list/-/conventions/rms/090000168008482e

27) Council of Europe, Recommendation CM/Rec (2019)1 of the Committee of Ministers to member States on preventing and combating sexism, 2019. https://search.coe.int/cm/pages/result_details.aspx?objectid=090000168093b26a

28) Ibid.

29) European Parliament, Resolution of 26 October 2017 on combating sexual harassment and abuse in the EU P8_TA-PROV (2017)0417, Strasbourg, 2017.

30) BBC, Women 'weaker, less intelligent' - Polish MEP Korwin-Mikke, 3 March 2017. https://www.bbc.com/news/world-europe-39152562.

31) Hanna Hoikkala, Veronica Ek, Niklas Magnusson, Sweden Says #MeToo, Bloomberg, 20 December 2017. https://www.bloomberg.com/news/articles/2017-12-20/sweden-says-metoo.

32) Government of Sweden, Consent - the basic requirement of new sexual offence legislation. 26 April 2018. https://www.government.se/press-releases/2018/04/consent—the-basic-requirement-of-new-sexual-offence-legislation/.

33) Ibid.

34) Aftenposten, #nårmusikkenstilner: «Plutselig stakk han to fingre inn i meg under skjørtet mitt». 22. November 2017. https://www.aftenposten.no/kultur/i/qnp89z/narmusikkenstilner-Plutselig-stakk-han-to-fingre-inn-i-meg-under-skjortet-mitt.

35) Hege Larsen, Tove Lie, Oystein Fimland, Over 100 kjente saker om sekssuell trakassering I academia. Khrono, 15 February 2018. https://khrono.no/studentombudet-uit-varsling/over-100-kjente-saker-om-seksuell-trakassering-i-akademia/210787.

36) Anca Gurzu, #MeToo hits Norway's Women-dominated Politics, Politico, 2 February 2018. https://www.politico.eu/article/trond-giske-kristian-tonning-riise-ulf-leirstein-metoo-hits-norways-woman-dominated-politics/.

37) Ibid.

38) YLE, Survey: Over half of Finns think sexual harassment could be "just a misunderstanding", 16 November 2017a. https://yle.fi/uutiset/osasto/news/survey_over_half_of_finns_think_sexual_harassment_could_be_just_a_misunderstanding/9934586.

39) YLE, Yle survey finds sexual harassment is relatively common in parliament, 12 December 2017b. https://yle.fi/uutiset/osasto/news/yle_survey_finds_sexual_harassment_is_relatively_common_in_parliament/9972843.

40) YLE, Four women convicted, fined for slandering singer in #metoo-related social media posts, 5 October 2018. https://yle.fi/uutiset/osasto/news/four_women_convicted_fined_for_slandering_singer_in_metoo-related_social_media_posts/10442632.

41) Suvi Keskinen, The 'crisis' of white hegemony, neonationalist femininities and antiracist feminism, Women's Studies International Forum, 68, 2018, pp.157~163.

42) France Soir, Tristane Banon : Le parquet ouvre une enquête, 8 July 2011. http://archive.francesoir.fr/actualite/justice/tristane-banon-parquet-ouvre-une-enquete-116764.html.

43) Aida Alami, The Impact of #MeToo in France: An Interview with Lénaïg Bredoux. 13 March 2019. https://www.nybooks.com/daily/2019/03/13/the-impact-of-metoo-in-france-an-interview-with-lenaig-bredoux/.

44) Le Monde, op.cit.

45) France 24, Reported sexual assaults rose sharply in France in 2018, 1 February 2019. https://www.france24.com/en/20190201-france-sexual-assault-rape-metoo-weinstein-2018.

46) YouGov, op.cit.

47) Gournvement.fr, Combating violence against women: a campaign to change behaviours. 30 September 2018. https://www.gouvernement.fr/en/combating-violence-against-women-a-campaign-to-change-behaviours.

48) Ibid.

49) BBC, France harassment law hands out 447 fines in first months, 16 April 2019. https://www.bbc.com/news/world-europe-48104247.

50) Laura Himmelreich, 'Der Herrenwitz', Stern, 1 February 2013. https://www.stern.de/politik/deutschland/stern-portraet-ueber-rainer-bruederle-der-herrenwitz-3116542.html.

51) Vera Kämper, "Männer nehmen den alltäglichen Sexismus gar nicht wahr", Spiegel, 25. January 2013. https://www.spiegel.de/panorama/gesellschaft/aufschrei-interview-zur-sexismus-

debatte-auf-twitter-a-879729.html.; Birgit Kelle, op.cit.

52) Florian Flade, Marcel Pauly, Kristian Frigelj (2016) 1054 Strafanzeigen nach Übergriffen von Köln. Die Welt, 10 February 2016. https://www.welt.de/politik/deutschland/article15 2018368/1054-Strafanzeigen-nach-Uebergriffen-von-Koeln.html.

53) Nicole Sagener, op.cit.

54) BECTU, Survey reveals scale of sexual harassment in creative workplaces, 23 January 2019. https://www.bectu.org.uk/get-involved/campaigns/Dignity/news.

55) BBC, #MeToo: UK stars give £1m to sexual harassment victims, 11 October 2018a. https://www.bbc.com/news/uk-45818699.

56) Laura Kuenssberg, Calls for change in Westminster culture, BBC News Politics, 31. October 2017, https://www.bbc.com/news/uk-politics-41824400.

57) Fawcett Society, #MeToo One Year On – What's Changed?, 2. October 2018. https:// www.fawcettsociety.org.uk/metoo-one-year.

58) Ibid.

59) Madison Marriage, Men Only: Inside the charity fundraiser where hostesses are put on show, The Financial Times, 24 January 2018.https://www.ft.com/content/075d679e-0033-11e8-9650-9c0ad2d7c5b5.

60) Silvia Blanco, One in three Spanish Women has felt sexually harassed, new poll finds, 6 Marcj 2018, El Pais, 2018. https://elpais.com/elpais/2018/03/06/inenglish/1520325751_50 4683.html.

61) BBC, Spain 'wolf pack' sex attack gang not rapists, say judges, 5 December 2018b. https://www.bbc.com/news/world-europe-46452894.

62) Fiona Govan, #Cuéntalo: Spanish women launch their own #Metoo movement, The Local, 30 April 2018. https://www.thelocal.es/20180430/cuentalo-spanish-women-launch-their-own-metoo-movement.

63) Carmen Morán Breña, #MeToo Spanish-style: Women in arts prepare to speak out about sexual abuse, 25 January 2018. El Pais, https://elpais.com/elpais/2018/01/25/inenglish/ 1516873472_512637.html?rel=mas.

64) Emily Tamkin, Italy's highest court overturns decision that woman was too 'masculine' to be raped, Washington Post, 10 April 2019. https://www.washingtonpost.com/world/2019/ 04/10/italys-highest-court-overturns-decision-that-woman-was-too-masculine-be-raped/?utm_t erm=.98d728c3558a.

65) Jessica Phelan, That time when...': Italian women speak up about sexual harassment, The Local, 16 October 2017. https://www.thelocal.it/20171016/italy-sexual-harassment-hashtag-quellavoltache.

66) Simona Siri, Having a misogynist leader has consequences. And no, I don't mean Trump. The Washington Post, 14 December 2017. https://www.washingtonpost.com/news/global-opinions/wp/2017/12/14/the-metoo-movements-disturbing-failure-in-italy/?noredirect=on&ut m_term=.9251ab5c1103.

67) Katerina Glyniadaki, The #MeToo Movement and the Greek Silence, 29 May 2018. https://blogs.lse.ac.uk/greeceatlse/2018/05/29/the-metoo-movement-and-the-greek-silence.

68) Slavenca Drakulić, #MeToo East and West: A matter of history and conditioning, Eurozine 26. January 2018. https://www.eurozine.com/where-to-for-metoo/.

69) Ruzha Smilova, 'Promoting 'Gender Ideology': Constitutional Court of Bulgaria Declares Istanbul Convention Unconstitutional', OxHRH, 22 August 2018. http://ohrh.law.ox.ac.uk/ promoting-gender-ideology-constitutional-court-of-bulgaria-declares-istanbul-convention-unco nstitutional.

70) Réka Kinga Papp, #MeToo in Hungary: Liberal self-cleansing or real change? Eurozine, 26. January 2018. https://www.eurozine.com/where-to-for-metoo/.

71) Ibid.

72) Katarzyna Popławska, The wall of shame has fallen. Over 35,000 #MeToo #JaTeż publications in Polish media, 30. October 2017. https://psmm.pl/en/informacja-prasowa/ wall-shame-has-fallen-over-35000-metoo-jatez-publications-polish-media.

73) Ruzha Smilova, op.cit.

74) LevFem, Rage and Liberation. Bulgarian women against violence, 11 Ferburay 2019. http://www.cadtm.org/Rage-and-Liberation-Bulgarian-women-against-violence.

75) Marian Männi, The failure of the MeToo campaign in Estonia, Newsmavens 27. December 2017. https://newsmavens.com/news/signs-of-the-times/975/the-failure-of-the-metoo- campaignin-estonia.

76) Ruth Fraňková, #MeToo campaign resonates among Czech women, 24 October 2017. https://www.radio.cz/en/section/curraffrs/metoo-campaign-resonates-among-czech-women.

77) Barbora Janáková, Czech experts, judges and politicians: #MeToo is an eccentricity of our times, Britské listy, 17 March 2018. https://blisty.cz/art/90278-czech-experts-judges-and- politicians-metoo-is-an-eccentricity-of-our-times.html.

78) Fatjona Medjdini, Dusica Tomovic and Ana Maria Touma, #MeToo Campaign Strikes Chord Among Balkan Women, Balkan Insight, 19 October 2017. https://balkaninsight.com/ 2017/10/19/metoo-balkan-women-campaign-against-sexual-harassment-10-18-2017/

79) Human Rights Watch, Russia: Bill to Decriminalize Domestic Violence, 23 January 2017. https://www.hrw.org/news/2017/01/23/russia-bill-decriminalize-domestic-violence.

80) Madeline Roache, Russia's Version of #MeToo Has Struggled to Take Off — Until Now, Time, 9 August 2019. https://time.com/5636107/metoo-russia-womens-rights.

81) Andrew Roth, Putin suggests #MeToo movement is a media conspiracy, The Guardian, 7 June 2018. https://www.theguardian.com/world/2018/jun/07/putin-criticises-metoo-for-delays- in-alleged-attack-reports.

82) Aleksandr Molchanv, Robert Coalson, Russian Woman's #MeToo Story Highlights Fear Of Speaking Out, 10 January 2019. https://www.rferl.org/a/russian-woman-metoo-rape-fear- speaking-out/29701754.html.

83) Moscow Times, New Russian #MeToo Flashmob Takes Twitter by Storm, 18 July 2019. https://www.themoscowtimes.com/2019/07/18/new-russian-me-too-flashmob-takes-twitter-sto rm-a66466.

84) Madeline Roache, op.cit.

85) OECD, OECD-led Report on Violence Against Women: Well-being and Safety of

Women, Paris: OECD, 2019. https://www.osce.org/secretariat/413237?download=true.

86) Hana Grgić, Speak up now! The power of female voices in Macedonia, 13 February 2018. http://politicalcritique.org/world/2018/speak-up-now-the-power-of-female-voices-in-macedonia.

87) OECD, op.cit., p.20.

88) Ibid.

89) Ibid.

90) Ibid., p.72.

91) Hana Srebotnjak, #metoo in the East? Women's rights in south-Eastern and Eastern Europe, 8 May 2019. https://www.opendemocracy.net/en/democraciaabierta/international-civil-society-week/metoo-east-womens-rights-south-eastern-and-eastern-europe.

92) Ibid.

93) Nicola Henry, War and Rape: Law, Memory, and Justice, London: Routledge, 2010.

94) Sue Turton, Bosnian War rape survivors speak of their suffering 25 years on, The Independent, 21 July 2017. https://www.independent.co.uk/news/long_reads/bosnia-war-rape-survivors-speak-serbian-soldiers-balkans-women-justice-suffering-a7846546.html.

95) Ruth Tanner, #MeToo Advocates Battle Culture of Shame in Bosnia, BalkanInsights, 14 June 2018. https://balkaninsight.com/2018/06/14/metoo-advocates-battle-culture-of-shame-in-bosnia-06-13-2018/.

96) Hana Grgić, op.cit.

97) Hana Grgić, op.cit.

5장

유아 성교육에 대한 담론

최정혜
(경상대학교 유아교육과 교수)

I. 유아 성교육, 왜 중요한가?

최근 우리사회의 중요한 화두 중의 하나가 섹슈얼리티 문제이다. 여기서 섹슈얼리티란 성(性)을 의미하며, 성(性)은 성기를 포함하여 성에 대한 인식, 태도 가치관 등을 포괄하는 개념이다. 즉 성은 개인의 행동에 의해 구성되는 것과 동시에 개인 외부에 존재하는 사회현상인 하나의 담론이다. 이러한 의미를 총체적으로 충족시키는 성 개념인 섹슈얼리티(sexuality)는 성기능적 행동만을 지칭하는 것이 아니라 개인적, 사회적 삶의 제 측면에서 나타나는 성적 의미를 갖는 모든 태도, 가치, 믿음, 행동들을 지칭하는 것으로 신체와 자기 정체성, 그리고 사회규범이 일차적으로 연결되는 지점이라 하겠다.[1] 그러므로 섹슈얼리티란 한 개인의 정체성의 통합이며, 성을 다양한 사회문화적 맥락들 내에서 모든 사회관계들과의 작용을 통해 구성되는 것으로 본다.[2]

현재 한국사회에서 성(性)은 어떠한 의미를 가지고 있는가? 지금 우리사회에 존재하는 성 개념은 성행위 중심의 표현들이 대부분이다. 특히 성 담론의 많은 부분들은 과거 유교사상에 따른 가부장제의 영향과 성기 중심적인 생식 위주의 성 관념으로 인해 성별에 따른 성의 이중기준 적용, 결혼제도를 기준으로 한 미혼의 성에 대한 편협한 시각, 왜곡된 순결이데올로기 강조 등 복합적인 문제점들을 함축하고 있다.[3] 따라서 우리 사회에서 성인에 관한 성 담론이 시작된 것은 극히 최근의 일이며 아직 공론화하는 과정에 있다고 볼 수 있다.[4]

이러한 시점에 유아 성교육에 대한 담론이 과연 사회적 이슈로서 활성화될 수 있을까? 이에 대해서는 극히 제한점을 가지리라 생각된다. 하지만 유아성교육에 대한 담론도 매우 중요하다. 왜냐하면 유아 성교육은 자연스럽고 일상적인 성태도와 성적 가치 등, 성에 대한 근본적인 이해와 인식에 근거하여 올바른 성 관념과 균형감각을 심어주는 기초가 되기 때문이다. 또한 유아들에게 자칫 성에 대한 부정적인 시각이나 편견을 심어 줄 수 있는 위험성을 없애고, 성을 인간의 가장 자연스런 존재방식으로 인식하는 가운데 성폭력으로부터도 자신을 지킬 수 있는 힘을 길러줄 수 있기 때문이다.[5]

주지하는 바와 같이, 우리사회는 현재 각종 성관련 범죄가 난무하고 있다. 흉악한 성폭력 범죄를 비롯해서 일상생활에서 일어나는 여성을 대상으로 성상품화하기 위해 찍는 불법 몰래카메라, 여성이 혼자 사는 원룸에 침입해서 성폭행을 시도하는 범죄들, 데이트 관계에서도 일어나는 각종 성범죄들, 어떻게 보면 성범죄가 일상화된 세계 속에서 살고 있는 듯한 끔찍한 생각마저 드는 것이 사실이다. 최근에는 버젓한 직장인인 전직 남자 아나운서, 현 경찰관마저 각종 성관련 범죄에 연루되어 있으니 일반 시민으로서 마음을 놓을 수 없는 사회라는 생각이 든다. 이러한 사회적 분위기를 쇄신하기 위해서라도 유아 성교육 담론은 꼭 필요하다고 본다. 왜냐하면 어릴 때부터 성에 대한 올바른 가치관이 형성되어 있으면 남녀 모두 성인이 되어 비뚤어진 성범죄를 저지르는 확률이 훨씬 줄어들 것이 분명하기 때문이다. 요컨대 유아기 때부터 섹슈얼리티가 올바르게 형성되어 있다면 그들이 성인이 되어서도 자신의 삶에서 섹슈얼리티에 대한 건전한 가치관을 가지기 때문에 궁극적으로는 남녀 모두 상대를 성적인 대상이 아니라 인격적으로 대할 수 있기 때문이라 하겠다. 유아 성교육은 유아가 건강하게 성장하여 제대로 된 사랑을 하기 위해 필요한 인간화 교육이며 남녀평등교육의 기초이므로 영·유아기부터 시작하는 것이 적절하다고 보고한[6] 연구도 같은 맥락이라 하겠다.

그런데 우리나라의 유아 성교육은 그 출발점에 있어 한 가지 특징을 가지고 있다. 즉 유아 성교육이 필요하다는 인식이 확대된 것은 무엇보다 어린이를 상대로 한 성폭력 범죄가 늘어나면서부터이다. 따라서 유아 성교육은 성폭력 범죄로부터 유아를 보호하고자 하는 대응 차원으로 시작된 면이 강하다.[7] 따라서 우리나라 유아 성교육 내용 대부분이 유아 성폭력 예방교육 중심의 교육이 되고 있어, 유아들에게 본의 아니게 성에 대해 의식·무의식적으로 지나치게 방어적인 태도만을 가르칠 수 있다. 물론 성폭력에 대해서 방어하도록 하는 교육도 중요하지만, 또한 성에 대해 첫 인식이 싹트고 성에 민감하게 반응하는 유아에게 성에 대한 기본 이해인 섹슈얼리티와 생활 속에서의 성적 만족에 대한 균형적 인식도 필요하다.

유아 성교육에 대한 외국의 사례를 보면 독일 유치원의 경우, 유아 성폭력 범죄에 대비한 성폭력 예방교육을 철저히 실행하면서도 유아가 성에 대해 긍정적이고 균형적인 인식을 갖도록 놀이를 통한 성교육, 즉 유아의 성생활에 대한 즐거움을 느낄 수 있도록 하는 활동 등을 일상적으로 폭넓게 실행하고 있다.[8]

유네스코(UNESCO)는 2009년에 만 5세부터 만 18세 대상으로 '섹슈얼리티 교육에 관한 국제 가이드라인(Internationl Guidelines on Sexuality Education)'을 발표하였는데, 가이드라인 내에 성과 관련된 정보, 사회적 관계와 관련된 가치, 태도, 규범에 대해 살펴보고 관련 기술 습득을 촉진하도록 돕는 내용과 자신의 행동에 대해 책임감을 가지고 타인의 권리를 존중하도록 격려해야 한다는 내용을 제시하고 있다.[9] 즉 연령에 따라 레벨 1에서부터 4까지 구분하고 각 단계의 필수 성교육 내용을 수준별로 세분화하여 제시하고 있다. WHO (2010)는 '유럽에서의 섹슈얼리티 교육 표준(Standard for Sexuality Education in Europe)'을 통해, 우리들이 알고 이해해야 하는 성교육 내용과 상황에 따른 대처 기술, 성과 관련된 가치 및 태도를 연령에 따라 달리 제시하고 이를 통해 성에 관련된 긍정적이고 건강한 생활방식을 기르고자 하는 데 그 목적을 두고 있다. 특히 0세부터 15세까지를 성교육의 대상으로 보고 영유아기 성교육의 중요성에 주목하여 0세부터 성교육에 대한 가이드라인을 제시했다는 데 그 의의가 있다. 미국 SIECUS(2004) 역시 사회문화적, 생물학적, 심리적, 정신적 차원의 포괄적인 성교육을 위한 가이드라인을 제시하며 성에 대한 정보를 제공하고 느낌, 가치, 태도를 탐색하며 의사소통 및 의사결정기술과 비판적 사고 기술 함양을 꾀하고 있다. 이처럼 국외의 성교육은 공통적으로 유아기부터의 성교육이 중요함을 인식하고 이를 위해 유아기 성교육이 나아가야 할 방향성을 분명히 제시하고 있다는 점에 주목할 필요가 있다.[10]

한편 우리나라에서도 2000년대에 들어 성교육에 대한 관심이 높아지고 있으며, 유아 성교육 관련 여러 연구들이 활발히 이루어지고 있다.[11] 특히 교육인적자원부에서 2001년에 '함께 풀어가는 성 이야기: 유치원 3-6세' 라는 유아대상 성교육프로그램을 개발하였다. 또한 2004년에는 '유아를 위한 양성평등 교육활동 지도자료'를 개발하여 성역할 평등을 위한 교육 프로그램을 제시하였으며, 2006년에는 '유아를 위한 성교육 프로그램'을 개발하여 성폭력 예방을 위한 유아수준의 교육프로그램을 각기 제시하였다.

보건복지부에서도 2013년 '보육교사를 위한 유아 성교육 매뉴얼'을 발표하여 프로그램 내에 유아 성교육의 기본 방향과 방법을 담았다.[12] 또 2007년 개정된 국가수준 유치원 교육과정(교육과학기술부)과 2013년 시행된 3-5세 누리과정에서도 유아를 위한 성교육 내용을 포함하고 있으며, 표준보육과정에서도 성교육의 내용을 제시하고 있다. 또한 사회가 요구하는 성교육의 내용이 지속적으로 변하고 있음에 따라 이에 대처하기 위하여 교육부는 유치원 성교육 표준안을 제시하고 이를 바탕으로 한 '유치원 성교육 교수·학습 과정 안도 개발하였다.[13] 즉 유치원 성교육 표준안은 성교육의 범위를 인간발달, 인간관계, 성 건강, 사회와 문화의 4영역으로 나누면서 유아 성교육이 생물학적 성과 심리·사회적인 성을 모두 포함하는 전인적 교육의 내용임을 나타내었다. 이는 앞으로의 성교육이 단순히 성에 대한 지식을 전달하는 것이 아니라 올바른 성의식과 가치의 함양이 동반되어야 함을 의미하며 유아 성교육의 중요성을 시사한다.

성이란 인간의 기본적인 욕구로서 우리의 삶 전반에 밀접하게 연결되어 있으며, 원활하고 바른 방향으로 그 욕구가 발산되지 않는다면 삶의 다른 부분에도 영향을 미치게 된다. 즉 성은 인간 생활을 의식적·무의식적으로 지배하고 있어 우리 삶의 각 부분에서 조화를 잘 이루고 있는지의 여부에 따라 행복한 삶과 불행한 삶이라는 결과로 이어진다.[14] 이처럼 성은 한 개인의 출생부터 인생이 끝날 때까지 끊임없이 영향을 미치므로 인간은 일생동안 성적인 존재라고 할 수 있다. 그러므로 인간의 성에 대해 알아보고자 한다면 유아기의 성에 대한 이해를 그 출발선으로 삼아야 할 것이다.[15]

따라서 이 글에서는 유아 성교육의 본질적인 의미, 그리고 우리나라 유아교육기관의 성교육 내용, 부모 및 유아교육기관 교사의 성인식 등을 살펴보면서 앞으로 유아 성교육이 어떤 방향으로 가는 것이 바람직한지에 대해 논의해 보고자 한다.

II. 유아의 섹슈얼리티

유아의 섹슈얼리티에 대한 담론은 프로이트의 정신분석학에서 나온 리비도의 개념을 통해 본격적인 논의를 할 수 있다. 프로이트는 성에 있어서 어린아이와 어른이 크게 다르지 않다고 보면서 어른이 인식하든 인식하지 못하든 유아는 이미 엄연한 성적 존재로서 성생활을 하고 있다고 주장한 바 있다. 물론 이에 대한 반대 견해도 있지만, 20세기 전반 독일에서는 유아가 성적 존재라는 견해가 널리 보편화되었다(Schuh-Gademann, 1972: 재인용, 도기숙, 2014.)

또한 베르거는 『유치원에서의 성교육』이라는 저서에서 가정과 유치원에서 아이를 무성적 존재로 다루는 행태를 비판하면서, 유아의 성생활(서로 쓰다듬기, 자신의 배설물에 대한 관심, 발가벗고 노는 의사놀이 등)을 충분히 지지하고 지원해 주어야 한다고 주장하였다.16) 이는 유아의 섹수얼리티에 대한 개방적 인식을 확장하는 데 크게 기여하였으며, 그 이후 독일은 유아의 섹슈얼리티를 인정하고 유아 성교육이 공교육의 차원에서 이루어져야 한다는 관점을 확립하기 시작했다.

유아기의 성생활에 대한 고찰은 프로이트의 발달이론을 기반으로 하고 있는데, 프로이트는 유아는 생후 만 5세까지 유아 성욕기를 거친다고 하면서 이 시기를 구강기(0-1세), 항문기(1-3세), 남근기(3-5세)로 구분하였다. 독일의 슈피츠는 프로이트의 이론을 더욱 세분화하여, 1살에 아이와 엄마의 정서적 관계가 섹슈얼화한다고 하여 정서와 아이의 섹슈얼리티와의 관련성에 주목하였다. 즉 아이-엄마 관계가 정서적으로 원활한 경우, 아이는 자신의 성기를 가지고 놀았고, 또한 영아일 때 엄마와 정서적 관계가 원활한 아이가 나중에 성인이 되어도 정서적인 사람이 될 확률이 높았다고 하였다. 반면 아이-엄마 관계가 훈육과 규칙을 중시할 경우는 아이는 자신의 성기를 가지고 놀지 않았다고 하였다. 그는 프로이트의 의견처럼, 유아의 섹슈얼리티는 '만족을 위한 유희 본능'이고, 이것이 유아기에 만족되지 않은 사람들의 경우 성인이 되어서 성적, 정서적 문제가 발생할 가능성이 높았다고 보고하였다.[17]

1-3세 유아 성생활의 특징은 자위를 시작한다는 점이며, 항문기 유아의 행동 특성 중 하나는 성기를 가지고 놀고 장난하며, 자신의 배설물에도 관심을 보인다는 점이다. 남근기(3-5세)는 성생활이 본격화되는 시기라고 할 수 있는데, 아이들은 이때 성기에 자극을 가하고 자위행위도 많이 한다. 3-5세의 여아도 클리토리스를 통해 자위행위를 하며 자신들의 배설물에 관심을 가지면서, 다른 성의 성기에 호기심을 드러내기도 한다. 브레너는 이 시기의 성적 특성을 요도에로틱이라 지칭했다.[18] 예를 들어 남아의 경우 누가 멀리 오줌을 눌 수 있나 경쟁하려 하고, 여아의 경우는 페니스에 대한 선망을 보이기도 한다. 또한 이 시기의 유아들은 아기가 어떻게 생기고 태어나는지에 지대한 관심을 가지며 이에 대한 질문을 하기도 한다. 성

적 호기심이 극대화되면서 유아들은 병원놀이를 시작한다. 병원놀이는 아이들이 의사와 환자의 역할을 하면서 자연스럽게 스킨십을 하는 놀이이다. 놀이 형식을 통해 상대의 신체를 관찰하거나 만지고, 서로 몸을 쓰다듬는 가운데 유아들만의 성생활을 하게 되는 것이다. 유아들은 이러한 놀이를 통해 재미를 느끼고 동시에 성적 만족을 얻는다. 때로는 직접적인 성기의 만족을 추구하기도 한다. 프로이트는 3세 이후부터 유아들의 성생활은 점차 어른의 성생활과 비슷해진다고 주장하였다.

성교육학자 베르거는 유아의 성생활을 크게 3가지 방식으로 정리하였다. 첫째, 신체에 대한 호기심, 둘째, 몸을 쓰다듬는 스킨십, 셋째, 자위행위를 통한 성기의 만족 등이다.[19] 유아들은 이러한 방식의 성생활을 통해 부모와 교사, 친구들과 교감을 나누고 만족을 느낀다는 것이다. 즉 신체적 접촉과 정서적 교감을 동시에 얻음으로써 성적인 만족이 곧 정서의 만족으로 이어지는 것이 유아 성생활의 핵심적 특징이다. 따라서 유아의 성생활이 어른에 의해 금기시될 경우, 아이는 정서적 불만과 결핍으로 혼란을 겪으며, 성에 대해서도 이중적 태도를 갖게 된다. 교육학자 이삭(Isaads)은 병원놀이나 자위행위를 한 이유로 혼난 아이들은 성적 수치심을 갖는다고 하였다.[20]

더만 스팍스(Derman Sparks) 등(1992)에 따르면 2세경에는 성의 문화적인 면을 인식하고, 4세경에는 사회적 규준에 의해 성역할 행동에 영향을 받아 남녀가 각기 다른 일을 담당해야 한다고 생각하게 된다고 한다. 또한 4-5세경에는 자신이 속한 사회에 통용되는 성역할을 습득할 뿐만 아니라 성인의 안내나 간섭 없이 다른 유아들과의 관계 속에서 서로의 성역할 고정관념을 강화하기도 한다. 이러한 여러 연구자들의 유아 성 발달에 관한 연구결과들은 유아기가 인간의 성의 발달에 있어 기초적 토대가 형성되는 시기로서 그 무게를 결코 가볍게 여길 수 없음을 시사하고 있으므로, 유아의 발달에서 유아기 성의 중요성을 인식하고 그 목표와 방향성을 분명히 해야 할 필요가 있다.[21]

이상에서 고찰한 것처럼 유아에게도 고유의 성과 성생활이 존재하며, 유아의 성적 만족은 단순한 쾌락을 넘어 유아의 성장에 바람직한 정서적 안정감과 밀접한 관계를 갖고 있음을 알 수 있으므로 앞으로는 유아의 성생활에 대한 관심을 기울여야 할 것으로 본다.

III. 유아 성교육 그림책의 한계

그림책은 그림과 글이라는 두 개의 매체를 통해 메시지를 전달하는데, 이는 유아들에게 간접적인 경험을 제공하면서 흥미와 재미를 느끼게 하는 중요한 교육적 자원이다.[22] 또 동화를 활용한 유아 성교육 프로그램은 교사들로 하여금 교실 내 수업 도입을 쉽게 하기 위한 하나의 교수방법이므로[23] 성교육 프로그램 안에 이용되는 그림책은 중요한 교육매체가 된다. 이러한 측면을 감안하여 우리나라 국가수준의 유아교육 교육과정인 '3-5세 연령별 누리과정 교사용 지도서'에 제시된 그림책 중에서 성교육 관련 성교육 그림책 내용을 살펴보면 다음과 같다.[24]

먼저 성교육 관련 그림책은 3-5세 연령별 누리과정의 교사용 지도서에 제시된 그림책 총 284권 중 33권으로 9% 정도를 차지하고 있었다. 33권 성교육 그림책의 내용 범주를 살펴보면 첫째, 인간발달에서 나의 몸 이해에 1편, 소중한 나의 몸에 4편, 발달적 변화영역에서 각 2편씩 제시되어 있고, 둘째, 성과 안전에서 성폭력 영역에서 2편, 위험한 사람의 이해 3편, 유괴예방과 대처 2편, 성폭력 예방과 대처 1편, 성관련 행동영역에서 2편이 제시되어 있다. 셋째, 관계와 성역할에서 성 인식 영역의 성 이해와 정체감에서 각각 1편, 성역할과 양성평등 영역에 2편, 존중영역과 권리와 의무에 각각 1편이 제시되어 있고, 또래관계, 가족관계 영역에서 우정과 사랑에 1편, 긍정적인 또래관계와 가족관계에 각각 2편씩 제시되어 있다. 넷째, 생명존중에서 생명탄생의 기쁨에 1편, 생명에 대한 책임에서 1편이 제시되어 있다. 이를 세부적으로 연령에 따라 살펴보면 3세 누리과정 교사용 지도서에 제시된 성교육 그림책의 내용은 「소중한 나의 몸」에서 소중한 신체를 스스로 지킬 수 있도록 신체의 소중함을 강조하고, 다른 사람들에게 보이면 안 되고, 다른 사람이 내 몸을 만지려고 하면 '싫어요! 안 돼요!'라고 말해야 한다. 「이럴땐 싫다고 말해요」에서 성범죄의 위험상황에서 어떻게 행동해야 하는지, 잘 아는 어른이 나를 힘들게 할 때 말해야 하는 비밀에 대해 나타나 있다.

4세 누리과정 교사용 지도서에 제시된 성교육 그림책의 내용은 「소중한 나의 몸」에서 내 몸이 있기 때문에 가능한 일을 이야기 하면서 신체적인 중요성을 가르칠 수 있다. 「난 싫다고 말해요」에서 공원에서 낯선 사람이 말을 걸어 올 때, 또는 친척 아저씨가 옷을 벗고 이상한 놀이를 하자고 할 때 등의 상황에 대한 행동지침을 표현하고 있다. 「내 몸을 안전하게」에서 아이들의 일상생활 속에서 일어날 수 있는 성 관련 범죄 상황에 대처하는 안전 규칙을 가르쳐 주어 아이들이 자신의 몸과 마음을 스스로 안전하게 지킬 수 있도록 가르친다고 제시되어 있다.

5세 누리과정 교사용 지도서에 제시된 성교육 그림책의 내용을 보면, 「우리 몸의 구멍」에서 우리 몸의 귀를 비롯한 콧구멍, 배꼽, 항문 등의 다양한 구멍과 신체기관의 해부도를 어렵지 않게 그려 보여줌으로써, 우리 몸의 구조를 통해 나의 몸의 소중함을 알 수 있게 표현하였다. 「다정한 손길」에서는 성범죄로부터 아이들이 자신을 지킬 수 있는 방법을 알려 주고, 「나를 지켜요」에서 위험한 상황이 발생했을 때 어떻게 행동하고 대처해야 하는지, 어른에게 도움을 청하는 방법 등 문제 상황에서 꼭 필요한 요령을 구체적으로 다루고 있다. 「오리가 태어났어요」에서 아기오리가 태어나 세상을 탐험하는 이야기를 통해 출생과 성장 과정을 가르칠 수 있다고 제시되어 있다.

이처럼 3-5세 누리과정에 제시된 성교육 그림책[25]은 9% 정도라고 했지만 실제로 그 내용을 구체적인 연관성으로 살펴보았을 때 그 반에도 미치지 못함을 알 수 있다. 더구나 성교육 내용도 매우 빈약하여, 주로 성범죄로부터 나를 지키는 방법에 대한 그림책 몇 편이 있을 뿐이고, 내 신체에 대한 설명 몇 편 정도에 불과하다. 즉 유아들의 성교육 내용이 성 범죄 대책에 한정되어 있고, 독일의 경우처럼, 유아들이 자신의 몸을 대상으로 즐거운 놀이를 통해 성 정체감이나 성 감각 등의 기쁨을 느끼게 하는 성교육은 아예 전무한 상태이다. 이를 통해 볼 때 우리나라 유아 성교육에 있어서 방향을 새롭게 잡고 프로그램을 개발해야 할 필요가 있음을 절감할 수 있다.

Ⅳ. 유아 부모 및 유아교육기관 교사의 성교육 인식 실태

유아 성교육에 절대적 영향을 미치는 부모와 유아교육기관 교사의 성교육 인식을 살펴보고 어떤 실태인지를 알아보고자 한다. 우리 사회는 유아기 성교육의 필요성을 인식하고 있음에도 불구하고 성에 대해 부정적인 시각을 가지고 있으므로, 주로 성범죄 대책 위주로 구성되어 있고, 성에 대한 본질적인 주제는 다루기가 불편한 것으로 여기고 있다. 더욱이 부모 자신이 어렸을 때 그들 부모로부터 자연스러운 성교육을 받지 못했기 때문에 성교육에 대해 의아해하거나 마음 내켜 하지 않는 부모들이 많다.[26] 그러나 여러 연구에서 가정에서 성을 대하는 부모의 태도가 유아의 성에 대한 인식에 중요한 영향을 끼치는 것으로 나타났기 때문에[27] 유아의 올바른 성교육을 위해서는 먼저 부모가 건강한 성에 대한 개념을 정립할 필요가 있으며, 성에 대한 진지하고 자연스런 자세와 태도를 갖추어야 한다. 이에 유아부모의 성교육 인식을 연구한 논문[28]의 연구결과를 중심으로 살펴보고자 한다.

1) 유아부모의 성교육 인식 실태

유아부모의 유아 성교육 필요에 대한 인식을 살펴보면,[29] 부모 500명을 대상으로 질문한 결과 '자신을 소중하게 여기게 하기 위해', 27.2%, '이성에 대한 올바른 태도' 23.6%, '성문제 예방' 16.8%, '발달에 맞는 성지식 교육' 16.6%, '성에 대한 호기심 지도' 15.8%로 나타났다. 즉 유아 부모들은 유아 성교육이 자신을 소중히 여기게 하기 위함과 이성에 대한 올바른 태도를 가지는 데 필요한 것으로 인식하고 있었을 뿐 유아의 섹슈얼리티나 성행동에 관한 본질적인 접근에 대한 인식은 전혀 가지고 있지 않음을 보여 준다.

유아가 성에 관련한 질문 시 부모가 대응하는 방법을 보면, '사실 그대로 이해하게 한다' 36.8%, '동물에 비유하여 이야기한다' 25.2%, '크면 알게 된다고 이야기한다' 22.6%, '회피하거나 약간의 거짓말을 한다' 13.2%, '꾸짖는다' 1.4% 등으로 나타났다. 이 조사보고서에서 나타난 바와 같이 유아 부모들이 유아 성교육과 관련한 유아들의 질문에 대해서도 전혀 준비가 안 되어 있음을 알 수 있다. 전체 응답자 부모 중 62.4% 이상이 유아의 성에 관한 질문에 간접적으로 응답하거나 회피하고 있어 부모의 유아 성교육 인식이 잘 이루어지지 않고 있음을 보여준다.

이는 유아 부모의 성교육 관련 지식이나 의식이 매우 빈약하기 때문에 나타난 결과로 볼 수 있는데, 부모들이 유아 성교육의 정보를 얻는 방법을 살펴보면 더욱 뚜렷하게 이해할 수 있다. 부모가 유아기 자녀에 대한 성교육의 정보를 얻는 방법을 보면, 'T.V.나 인터넷'이 69.6%, '성교육 관련 도서' 25.2%, '자신의 지식에 근거' 7.4%, '어린이 집이나 유치원 교육을 통해' 3.4%, '친척이나 지인의 도움' 0.4%로 나타났다. 또한 부모가 유아 성교육에 대해 어려워하는 이유로는 '성교육 지도 방법의 지식이 부족해서'가 55.0%, '성교육 교재나 자료가 부족해서' 4.2%, '부모가 교육하기에 쑥스럽고 거북해서' 3.0%로 나타났다. 여기서 부모들에게 유아 성교육을 위해 지원받고자 하는 방안을 물었을 때, '유아 성교육을 위한 자료'가 45.8%로서 가장 높고, 다음으로 '체계적인 성교육 프로그램' 37.6%, '부모 대상의 연수 및 교육' 12.2% 등의 순으로 나타났다. 즉 유아 부모들이 유아기 성교육을 위한 자료나 교육 등을 절실히 요구하고 있음을 알 수 있다.

또한 유아 성교육에 포함되기를 기대하는 교육 내용으로 7개 영역에 15개 하위 영역으로 유아들에게 가르쳐야 할 성교육 가치를 보고한 바 있다.[30] 이 자료를 상위 영역 중심으로 교육내용을 살펴보면 '임신 출산'이 20.1%, '신체지식'이 15.0%, '성차 인식'이 16.1%, '성 개념' 2.5%, '생활습관' 30.0%, '성폭력예방 및 성 문제행동' 18.1% 등으로 나타났다. 이 연구자료 결과 역시 임신, 출산이나 유아의 생활습관에 비중을 두고 있을 뿐, 정작 유아의 성 개념과 관련된 영역은 불과 2.5%만 할애하고 있을 뿐이다. 따라서 부모들의 유아 성교육에 대한 인식 개선이 먼저 일어나야 하고 유아 섹슈얼리티에 대한 개념 및 지식이 부모에게 전달 또는 교육되어야 할 것이라 생각한다.

2) 유아 교사의 성교육 인식 실태

유아 성교육에서 유아 부모들 못지않게 유아 교사들의 영향력도 매우 크다.[31] 즉 유아 성교육의 활성화를 위해서는 유아 성교육에 대한 유아 교사들의 인식도 중요하므로 유아 교사들의 인식 및 요구는 어떠한지 살펴보면 다음과 같다.

선행연구에 의하면[32] 대다수의 교사가 유아 성교육의 필요성을 인식하고 있어서 유아교육현장에서 성교육이 필요하다는 인식은 여러 선행연구들이 일치하고 있다. 또한 인간교육의 측면에서 성교육의 필요성을 인식하고 있어 앞으로 유아 성교육이 나아가야 할 방향을 시사하고 있는 면은 바람직하다. 다만 성교육을 시작하는 적절한 시기에 대해 '만 3세'로 보는 연구가 있는가 하면 또 다른 연구에서는 '만 4세', '만5세' 등이 적절하다고 하여 연구결과가 일치하지 않는다고 하였는데, 이는 최근에 성교육 시작 연령이 다소 하향화되고 있는 경향 때문인 것 같다고 설명하고 있다.

일각에서는 유아 성교육 실시 후의 부작용이 발생할 수 있어 이른 시기에 유아들에게 성에 대해 가르치는 것이 바람직하지 않다는 우려도 있지만,33) 유아 성교육의 내용과 방법이 유아의 연령과 발달에 적합한 수준으로 제공된다면 부작용의 염려로부터 자유로워질 수 있을 것으로도 본다. 그러나 기존에 개발된 성교육의 자료들을 분석한 결과를 살펴보았을 때, 유아의 연령에 따른 위계가 있는 활동이 제공되고 있는 사례는 전무하여 앞으로 유아의 연령과 발달에 적합한 성교육 내용과 방법에 대한 고찰을 통해 유아 성교육의 내실화가 필요함을 알 수 있다.

유아 성교육을 실시하는 적합한 주체로서 과반수가 '교사와 부모가 함께'를 가장 선호하고 있고, 다음으로 '교사와 성교육 전문가가 함께'로 나타나서, 유아 성교육에 대한 활성화를 위해서는 교사와 부모가 함께 성교육에 대한 일치된 목적을 가져야 함을 시사한다. 선행연구에서도 유아 성교육에 대해 교사와 부모가 함께 인식을 함께 하여 유아교육기관과 가정과의 연계 지도 체제를 마련하여 일관성 있는 유아 성교육이 이루어진다면 보다 성공적으로 이루어질 수 있을 것이다라고 보고한 바 있다.34) 또한 교사들은 성교육 전문가와 함께 유아 성교육을 수행하는 것이 바람직하다고 다수 응답했는데 이는 성교육에 대한 전문가적 지원이 필요하다고 인식하는 것이 반영된 결과로 보인다. 따라서 유아 성교육에 있어서는 유아 성교육 전문가의 참여도 활성화할 수 있는 사회구조적 시스템이 마련되어야 함을 알 수 있다.

교사가 유아의 성교육 목표로 삼는 것은 '성에 대한 건전한 태도 육성'이 가장 많이 나타났으며, 다음으로 '성폭력 예방과 대처방법 학습', '남녀의 역할과 특성을 이해하고 존중하는 태도 육성' 순으로 나타났다. 유아기는 발달 단계상 성역할 고정관념 및 성 정체성이 형성되는 시기로서 성에 대한 건전한 태도를 기르는 민감기[35]임을 고려할 때, 유아 성교육에 대한 교사의 인식이 적절함을 알 수 있다. 또한 성폭력 예방과 대처방법 학습의 중요성 인식은 최근 우리 사회에서 아동을 대상으로 하는 성범죄의 강도가 점점 강력해지고 피해 연령 또한 낮아지고 있는 실정이므로,[36] 유아들이 스스로 자신을 보호할 수 있는 능력을 기르도록 교육하는 것이 중시되고 있는 결과로 보인다.

유치원 성교육표준안 내용에 대한 교사들의 필요성 인식은 5점 만점에 모든 내용에서 평균 4점 이상으로 높게 나타나 교육적 적합성과 필요성을 확보했음을 보여준다. 다만 해당내용이 반영된 성교육 활동을 통해 실천력을 기르는 당면 과제가 남아 있다. 유아 성교육의 효율적인 교수학습방법으로 '성교육과 관련된 영상, 사진 등 미디어 매체를 활용한 이야기 나누기'가 가장 많이 나타났으며, 다음으로 '성교육과 관련된 상황극 해보기', '성교육과 관련된 동화 감상하기' 순으로 나타났다. 이는 다수의 선행연구 결과와 비슷한 결과로서, 유아 성교육을 위한 교수학습 방법이 매우 제한적이어서 활동 면에서 활발하게 이루어지고 있지 않음을 보여준다 하겠다. 즉 다양한 형태의 교수학습이 이루어질 수 있도록 활동자료의 형태와 유형을 다양화한 프로그램 개발이 요구된다.

유아 성교육 실시의 어려움에 대해 교사들은 '유아 성교육의 내용과 방법을 잘 몰라서'와 '유아 성교육을 위한 자료나 교재가 부족해서'가 가장 많이 나타났으며, 다음으로 '교사 자신의 성에 대한 지식이 부족해서', '체계적인 성교육 프로그램이 없기 때문에' 순으로 나타났다. 이는 교사 스스로 성에 대해 어렵게 인식하고 있어서 교육활동으로 유아에게 성을 풀어내는 것을 어려워하는 측면이라 하겠으며, 이는 여러 선행연구에서도 같은 경향으로 나타난 바 있다. 요컨대 유아 교사들은 유아 성교육의 필요성은 크게 느끼고 있으나 유아의 성에 대한 지식과 성교육의 내용과 방법을 모르고 있어 이를 위한 사회적 지원을 요구하고 있는 것으로 볼 수 있다. 따라서 체계적인 성교육 프로그램을 개발하고, 아울러 유아교육현장에서 활용도를 높이기 위해서는 유아교사의 성 교육에 관한 연수 등을 통해 교육역량을 함께 개발해 나가야 하는 당면과제가 있다.

V. 더 나은 유아 성교육을 위해

이 글에서는 유아의 성교육에 대한 담론을 활성화하기 위해 현재 우리사회의 유아 성교육에 대한 일반적 분위기, 유아 발달 단계와 연계된 성교육의 필요성 등을 알아보고 유아 성교육을 위한 국가수준에서의 성교육 및 유아교육과정 내의 성교육 내용을 구체적으로 고찰해 보았다. 또한 유아 성교육에 대한 유아 부모와 교사의 인식 실태도 고찰해 보았다. 이를 통해 앞으로 유아 성교육이 나아가야할 방향을 생각해 보면서 다음과 같이 정리해 보고자 한다.

첫째, 유아 성교육의 방향성에 대한 담론 활성화이다. 이제까지 살펴본 바와 같이 앞으로 유아 성교육은 유아의 섹슈얼리티에 대한 기본 개념을 생각하면서 교육의 방향을 생각해야 한다. 즉 유아도 엄연한 성적 존재로서 자신의 성생활을 가지고 있고 누릴 권리가 있다[37]는 관점을 우리사회는 과연 수용할 수 있을 것인가? 하는 점이다. 이미 독일의 유아 성교육 방향에서 보았던 것처럼 유아의 섹슈얼리티는 '만족을 위한 유희 본능'이므로 유아가 이러한 면을 만족할 수 있도록 놀이를 허용해야 한다는 관점을 인정해야 한다는 의미로 볼 수 있다.

우리나라는 유아가 성기를 가지고 놀면 부모나 교사들이 경악을 하며 금지하는 문화를 갖고 있다. 그러나 정작 유아들은 그 금지를 피해 숨어서 성기를 가지고 노는 경우도 있다. 또한 유아기에 많이 하는 병원놀이도 각자의 신체를 자극하고 만지며 성적인 호기심과 성적 만족을 추구하고 즐거워하는 측면을 가지는데 이를 인정할 것인가 하는 문제이다. 성교육학자 베르거는 유아의 성생활을 세 가지, 즉 신체에 대한 호기심, 몸을 쓰다듬는 스킨십, 자위행위를 통한 성기의 만족 등을 통해 부모와 교사, 친구들과 교감을 나누고 만족을 느낀다고 했다.[38] 또한 이러한 신체적 접촉과 정서적 교감을 동시에 얻음으로써 성적인 만족이 곧 정서의 만족으로 이어지는 것이 유아 성생활의 핵심적 특징이라고 하였다. 한국사회에서 이러한 유아 성행동의 개념을 유아 부모나 교사들이 과연 인정하고 수용할 수 있을까 하는 점은 계속 논의해야 할 유아 성교육의 담론 과제라 하겠다.

둘째, 국가수준의 교육과정에 제시된 유아 성교육 내용이나 관련 프로그램에 대한 논의의 활성화이다. 3-5세 유아교육과정 내 성교육 그림책의 내용 분석 결과 유아 성교육에 대한 내용 구성은 매우 빈약하다. 먼저 유아 성교육의 본질적인 핵심에 관한 내용은 거의 없고 신체의 소중함을 인식하고, 다른 사람이 내 몸을 만지려고 하면 안 돼요, 싫어요! 라고 말해야 한다는 내용과 신체의 부분에 대한 내용이 조금 있을 뿐, 성범죄로부터 아이들이 자신을 지킬 수 있는 방법이나 대처 행동에 관한 내용들이 대부분이다. 이런 프로그램으로는 유아들에게 제대로 된 성교육을 실시하기에는 한계가 있다는 생각이다. 이는 무엇보다 유아 성교육 하면 유아 성범죄 대처 방법이 우선 연상되어 핵심적인 유아 성교육 개념과는 동떨어지는 교육 방향이기 때문이다. 물론 유아 성범죄로부터 유아를 보호하는 것은 매우 중요한 일이므로 성범죄의 피해로부터 대처하는 방법에 대한 교육도 하면서, 본질적인 유아 성교육의 핵심내용에 대한 프로그램도 함께 개발되어 교육되어야 하지 않을까 하는 생각이다.

셋째, 유아 성교육에 대한 유아 부모의 인식 실태를 고찰하였을 때, 부모들은 유아 성교육 내용에서 유아 자신을 소중히 여기게 하는 내용과 이성에 대한 올바른 태도 가지기 등에 대한 내용만 인식하고 있을 뿐, 유아의 섹슈얼리티 만족이나 유아들의 성행동에 대한 인식은 전혀 하고 있지 않은 것으로 나타났다. 또한 유아들의 성에 관련된 질문에도 준비가 안 되어 회피하거나 동물에 비유해서 말한다는 응답이 많이 나타나서 이에 대한 인식 개선이 필요하다고 생각한다. 이를 위해서는 유아교육기관의 부모 교육 프로그램 등을 통해 유아의 섹슈얼리티나 유아 성행동에 대한 개념 및 유아 성교육 관련 지식을 교육해야 할 것으로 본다.

넷째, 유아 성교육에 대한 유아 교사의 인식 실태를 고찰하였을 때, 대부분의 유아교사들이 유아 성교육에 대한 필요성을 인식하고 있고, 또 인간 교육의 측면으로 유아 성교육의 방향을 인식하고 있는 것으로 나타나 바람직하게 생각한다. 다만 현재 가르치고 있는 성교육 프로그램들에 대해 유아의 연령에 따른 위계가 있는 활동들이 없어서 아쉬움을 나타내었는데, 이는 유아 성교육에 관한 프로그램들이 앞으로는 유아의 연령과 발달에 적합한 내실 있는 성교육 프로그램들이 개발되어야 함을 시사한다. 유아 교사들은 유아 성교육의 주체로서 부모와 교사가 함께 해야 한다는 인식을 대부분 하고 있었다. 유아 성교육 실시의 어려움에 대해 '성교육의 내용과 방법을 잘 몰라서'와 '성교육을 위한 자료나 교재가 부족해서'가 주류를 이루었고, 다음으로는 '교사 자신의 성에 대한 지식이 부족해서' 등으로 나타난 점에 주목할 필요가 있겠다. 이는 유아 성교육을 담당하고 있는 교사에 대한 체계적인 성교육 연수가 필요함을 시사한다. 현재 유아 교사들은 성교육에 대한 구체적인 연수나 성교육 프로그램을 이수한 적이 없거나 또는 유아 성교육 지식이 매우 빈약해서 스스로가 유아 성교육을 담당하기에는 역부족이라는 인식이 강한 것으로 나타났다. 따라서 유아 성교육 관련 프로그램의 개선, 그리고 유아 부모와 유아 교사들을 위한 성교육 프로그램 개발 등을 통해서 유아 교사 연수 및 부모교육 등이 함께 이루어질 때 우리사회에서의 유아 성교육 담론이 활성화될 수 있으리라 생각된다.

주

1) Anthony, G., 황정미, 배은경 옮김, 『현대사회의 성 사랑 에로티시즘』, 새물결, 1996.

2) 조영미, 「한국 페미니즘 성연구의 현황과 전망」, 한국성폭력상담소엮음, 『섹슈얼리티 강의』, 동녘, 2001.

3) 박수선·김명자, 「미혼성인남녀의 섹슈얼리티에 관한 기초 연구」, 『대한가정학회지』 42(5), 대한가정학회, 2004.

4) 경상대학교 여성연구소 엮음, 『여성과 몸: 여성의 성의식, 성행동 다시보기』, 소명출판, 2019.

5) 도기숙, 「유아의 섹슈얼리티-유아 성교육의 담론과 프로그램 개발을 중심으로」, 『독어교육』 6, 한국독어독문학교육학회, 2014.

6) 장연집, 「인간평등교육으로서 조기 성교육의 발달적 접근」, 『여성연구논총』 12, 서울여자대학 여성연구소, 1997.

7) 도기숙, 앞의 글.

8) 위의 글.

9) N. Ecker & D. Kirby, International guidelines on sexuality education: An evidence informed approach to effective sex, relationships and HIV/STI education, United Nations Educational Scientific and Cultural Organisation 2, 2009.

10) 남기원·주현정·김남연, 「유아성교육 활성화를 위한 성교육 실태 및 유아교사의 인식과 요구조사」, 『유아교육학논집』 20(6), 2016.

11) 우민정, 「유아 성교육 관련 연구동향 분석-국내 학위논문을 중심으로」, 『유아교육연구』 31(3), 한국유아교육학회, 2011.

12) 보건복지부. 『보육교사를 위한 유아 성교육 매뉴얼』, 인구보건복지협회 출판부, 2013.

13) 교육부. 『유치원 성교육 표준안』, 교육부, 2015.

14) 우민정, 앞의 글.

15) 남기원·주현정·김남연, 앞의 글.

16) Manfred Berger, Sexualerziehung im Kindergarten, Frankfurt. a. M., 1988, pp.58~66. 도기숙, 앞의 글에서 재인용.

17) Ibid., p.36. 도기숙, 위의 글에서 재인용.

18) Charles Brenner, Grundzuge der Psychoanalyse, Frankfurt. a. M., 1969, p.36. 도기숙, 위의 글에서 재인용.

19) Manfred Berger, op.cit., p.116. 도기숙, 위의 글에서 재인용.

20) Susan Isaacs, The Nursery Years, London, 1971, p.112. 도기숙, 위의 글에서 재인용.

21) 남기원 외, 앞의 글.

22) 김혜영, 「3-5세 누리과정 교사용 지도서에 수록된 문학작품 분석」. 중앙대학교 석사학위논문, 2014.

23) 조성자·손선옥, 『유아들의 성교육을 위한 지침서』, 창지사, 2003.

24) 박수연·김수향, 「3-5세 연령별 누리과정 교사용 지도서에 제시된 성교육 그림책 분석」, 『어린이문학교육연구』 17(1), 한국어린이문학교육학회, 2016.

25) 교육과학기술부, 『3-5세 연령별 누리과정 교사용 지침서』, 교육과학기술부, 2012.

26) 권이종, 「생활교육이란: 부모의 역할」, 『생활교육 성교육』, 한국학술정보, 2004.

27) 위의 글; 이혜정, 「부모의 성교육 인식 및 실태, 요구에 따른 유아 성교육 프로그램 구성」, 『유아교육학논집』 18(4), 한국영유아교원교육학회, 2014.

28) 이혜정, 위의 글.

29) 위의 글.

30) 위의 글.

31) 노희경, 「유아교육기관에서의 성교육 현황과 교사의 인식」, 인천대학교 교육대학원 석사학위논문, 2013; 박수연, 「유아 성교육에 대한 교사 인식 및 실태에 관한 연구: 포항시 유아교육기관을 중심으로」, 위덕대학교 석사학위논문, 2012.

32) 남기원 외, 앞의 글.

33) 우민정, 앞의 글.

34) 김혜정, 「유아기 성교육에 대한 교사와 부모의 인식 비교」, 한양대학교 교육대학원 석사학위논문, 2011.

35) Derman-Sparks, op.cit. 도기숙, 앞의 글에서 재인용.

36) 박수연·김수향, 앞의 글.

37) 도기숙, 앞의 글.

38) Manfred Berger, op.cit. 도기숙, 위의 글에서 재인용.

부산지역 반(反)성폭력 상담활동가의 성장경험 연구: 여성주의 정체성 발달을 중심으로

지영경
(부산경찰청 행정관)

공미혜
(신라대 여성학과 교수)

이 글은 지영경의 석사학위논문을 교신저자 신라대 여성학과 공미혜 교수와 수정, 재구성하여 부산대학교 여성연구소 발행 「여성학연구 제28권 2호」에 게재했던 것을 일부 수정한 것이다.

Ⅰ. 성폭력 상담은 상담활동가에게 어떤 영향을 미치는가?

반성폭력 운동 상담활동가들은 자신의 경험을 어떻게 평가하고 있을까? 이 질문은 반성폭력 운동을 하며 늘 머릿속을 떠도는 생각이었다. 대부분의 상담활동가들은 자신이 해 왔던 일과 조직, 사람, 자신을 다각도로 바라보고 있으며 아직 해결되지 않은 마음의 잔재를 안고 고민하며 살아간다. 그러면서 상담활동가들은 대부분 활동하기 전과 활동하고 난 후의 자신의 변화를 성장으로 인지한다.

여성운동으로서 성폭력 상담은 가장 개인적인 것을 정치적인 것으로 만들었으며 여성차별과 억압의 사회구조적 이해를 통해 상담자와 피해자가 함께 의식적인 성장을 이루어가는 것이 특징이다.[1] 또한 성폭력 상담은 개인의 문제에서 출발하지만 세상의 편견을 바꿔나가고 성폭력이 없는 사회를 만드는데 기여하는 활동이기에 지속적인 운동성을 지켜나가기 위해 노력한다. 구체적인 피해자가 존재하고 그 사람을 위해 활동하기에 상담원들은 때론 힘들고 좌절하지만, 피해자로부터 또는 동료들로부터 힘을 받으면서 활동을 이어나간다. 이와 같이 성장의 개념은 인간이 역경을 통해서 부정적인 영향만을 받는 것이 아니라 긍정적으로 변화할 수 있다는 생각을 기반으로 하고 있다.

이렇듯 반성폭력 운동은 여성운동으로 시작되었으며 상담을 매개로 활동이 펼쳐졌음[2]에도 불구하고 기존의 연구는 상담활동가들의 긍정적인 활동보다는 소진이나 대리외상 경험에 관한 것이 주를 이루고 있다. 예를 들어, 성폭력 상담활동가에 관한 선행연구의 주제들은 주로 상담자의 대리외상 경험,[3] 소진,[4] 좌절,[5] 스트레스 및 관련 요인 연구,[6] 대리 외상 관련 변수,[7] 대리외상 감소를 위한 인지행동 치료프로그램[8] 등으로 요약된다. 이상의 선행연구들은 대부분 상담이 상담원에게 미치는 부정적인 결과에 중점을 두고 있으며 이에 대한 효과적인 대처방안을 모색하고 있다.

물론 성폭력 상담이 상담활동가들에게 미치는 영향과 대처방안을 구체적으로 분석하는 것은 이들의 지속적인 활동에 필요한 연구이기도 하다. 그렇지만 성폭력 상담활동가의 상담을 통한 전반적인 성장경험을 파악해보는 것은 이들을 총체적으로 이해하는 중요한 토대가 될 것이다. 최근 들어 질적 연구방법을 통해 상담원들의 성장을 분석한 연구가 나타나고 있는데 안은주는 '상담자의 대리외상 후 성장과정'이라는 연구에서 참여자들이 피해자 경험을 통해 사회적 공감을 인식하고 전문가 집단과 연대하여 역할을 확장하는 과정을 밝히고 있다.[9] 이미정은 기독교인이 상담과정에서 자기성찰과 내담자에 대한 연민과 수용의 자세를 배우는 성정과정을 제시하고 있다.[10]

한편, 부산지역에서 부산여성회는 1990년 출발 당시부터 반성폭력 운동을 주요 활동의제로 삼았으며 1992년에는 성폭력상담소를 부설기관으로 개소했으며 1995년에 성폭력상담소가 독립기관으로 분리되어 성폭력 상담을 전담하고 있다.[11] 그 후 여러 기관에서 성폭력을 상담하는 부설기관이 설치되어 현재 부산지역에는 6개의 성폭력 관련 상담소가 운영되고 있으며 2개의 피해자 보호시설이 정부의 지원을 받고 있다.[12] 그러나 지금까지 반성폭력 운동에 관한 연구는 특정 지역에 편중되어 있는 경향이며 지역을 중심으로 한 연구는 매우 미비한 상황이다. 따라서 이 연구는 부산지역에서 반성폭력 운동을 수행해 온 상담활동가들의 구체적인 경험을 성장에 초점을 두고 파악하는데 목적을 두었다.

여기서 상담활동가는 주로 여성단체나 성폭력상담소 등에서 성폭력 피해여성을 상담하는 사람들을 의미하는 것으로 여성주의 상담에서 상담은 넓은 의미의 여성주의 '활동'의 하나이며[13] 성장은 여성주의 정체성을 발달시키는 과정이기도 하다.[14] 이 연구를 통해 반성폭력 상담활동가들이 지속적인 활동을 이어나갈 수 있도록 교육이나 훈련 프로그램 개발을 위한 기초적 자료 축적에 기여하고자 한다.

이 연구는 현상학적 연구방법을 활용하였으며 참여한 심층 면접자들은 부산지역에서 3년 이상 반성폭력 상담활동가 경력을 가진 이들로 총 11명을 대상으로 하였다. 이 글에서 참여자들은 참여자 1,2···등으로 표기하고 있다.

II. 상담활동가는 무엇으로 성장하는가

1) 상담활동가의 성장은 어떻게 이루어지나?

상담자의 성장은 상담자가 가져야 할 개인적인 자질 향상과 상담에 있어 요구되는 전문가적 다양한 기술을 숙련하는 두 가지 면에서 보아야 하며, 이는 상담자의 생애발달 과정 전반에서 이루어진다.[15] 스코볼트와 로너스태드도 상담자의 발달은 생애과정 전반에서 끊임 없는 수련과 상담 경험을 통해서 이루어지고 개인의 발달과 전문가로서의 발달이 종합적으로 발달해가는 것으로 지속적인 자기성찰을 강조하며 만약에 이것이 이루어지지 않으면 전문성 발달은 이행이 되지 않거나 정체된다고 하였다.[16]

또한 김민예숙은 여성주의 상담에서 상담의 인지적인 부분과 상담기술이 중요하게 다루어지지만, 여성주의 의식을 함께 지니고 있어야 함을 강조하고 있다.[17] 특히 상담자들의 발달에 있어서 중요한 것은 상담의 이론과 기술을 연마하는 데 그쳐선 안 되고 사회구조적인 맥락을 파악하고 있어야 하며 동시에 우리가 사는 사회의 성역할과 젠더분석, 권력분석, 여성심리 연구, 상담자의 여성의식향상 등을 끊임없이 성찰해나가야 하며 그럴 때 여성주의 상담가로서 성장할 수 있음을 강조하고 있다.

브라운은 여성주의 상담에 대한 정의에서 "여성주의 상담은 여성주의의 정치적 철학과 분석으로 제공된, 그리고 다양한 문화의 여성주의 학문에서 여성들과 젠더에 관한 심리학에 근거한 상담의 실제"라며 상담자와 내담자를 둘러싸고 있는 정치사회적 환경에서 여성주의적 저항과 사회적 변화에 이르게 하는 전략과 해결을 포함한다고 지적했다.[18] 이처럼 여성주의 상담은 내담자의 의식 전반에 영향을 미치지만 상담활동가들 역시 상담을 통하여 자신의 의식세계 및 가치관, 활동의 내용에 영향을 받을 수밖에 없으며 이는 성장과 연결되기도 한다.

2) 여성주의 정체성이란 무엇인가?

반성폭력 상담활동가들이 상담을 통해서 어떠한 성장과정을 거치는가를 살펴보기 위해서는 여성주의 정체성 발달이론이 유용하다. 반성폭력 상담활동가의 여성주의 정체성 발달수준에 따라 상담에 미치는 효과가 다를 수밖에 없기에 이들에게 여성주의 정체성 발달의 의미는 중요하기 때문이다.

여성주의 정체성은 한 개인이 여성이나 남성으로서의 자기 자신을 인지하게 할 뿐만 아니라 자신의 개인적 정체성과 일치하는 방법으로 역할을 수행하고 세계를 재정의함으로써 새로운 사회적 정체성을 형성하여 전통적인 성역할에 얽매이지 않고 한 인간으로서 자신의 가치를 재발견하고 능력을 개발하여 개인의 성장을 지속시키는 것이라고 볼 수 있다. 즉, 여성주의 정체성은 개인적 정체성과 사회적 정체성을 종합적으로 발달시켜가면서 자신의 새로운 삶을 계획하고 실현해가는 것이다.[19]

여성주의 정체성 발달모델은 흑인 정체성 발달모델을 토대로 다우닝과 러쉬가 개발한 것[20]으로 이후 워렐과 리머가 4단계로 수정한 것[21]이다. 여성주의 정체성 발달은 높은 단계로 올라갈수록 보다 바람직한 특성을 지니는 것으로 평가된다. 다우닝과 러쉬에 의하면 여성주의 정체성의 높은 단계는 여성들의 자아존중감과 유의미한 상관관계가 있다고 지적했다.[22] 여성주의 정체성이 마지막 단계에 이르면 여성은 개인의 성장에 필요한 새로운 태도를 지니게 되는데 그 특성으로는 자기감정에 충실하게 되며 있는 그대로 수용하고 스스로 즐겁게 사는 법을 터득하면서 자신의 숨어 있는 힘을 발견하게 된다고 한다.[23] 여성주의 정체성 발달의 단계별 내용을 구체적으로 살펴보면 다음과 같다.[24]

1단계는 수용성(Acceptance)으로 이 단계에서의 여성은 자신에 대한 억압적인 사회구조와 성차별, 편견 등을 인지하지 못하거나 스스로 부정한다고 한다. 전통적인 성규범을 그대로 받아들이는 것에 동의하며 남성들이 여성들보다 우월하거나 낫다고 믿는다. 이 단계의 마지막에서는 위험, 변화에 대해 자신을 개방, 수용하는 준비성이 나타나며, 자신과 세계에 대한 개방성이 증대하게 된다. 이러한 준비성과 개방성은 다음 단계로의 이행하게 하며 개인의 자존감과 자아발달의 향상에도 영향을 미친다.

2단계는 눈뜸(Revelation)이며 이 단계에서의 여성은 사회가 성차별적인 구조이며 자신을 억압해 온 것을 지각하고 분노하며 자신 역시 그러한 구조에 동의하며 지내온 것에 죄책감을 느낀다. 또한, 여성의 가치를 인정하기 시작하면서 오히려 남성을 적대시하기도 한다. 수용성에서 눈뜸으로의 진전은 도외시할 수 없는 모순이나 몇 가지 위기 상황이 돌발적 또는 지속화되면서 이행되는데 여성 개개인들이 의식세계 변화의 필요성이 점진적으로 쌓여가는 정도에 따라 다르게 나타난다. 이 단계에서는 의식향상의 경험이나 여성운동 참여 등을 통해 모순적 상황을 경험하게 되며 해방감을 느끼는 진전을 이룬다. 하지만 여성적 가치의 중요성을 제대로 인지하지 못하거나 일부는 이분법적으로 남성은 부정하고 여성은 긍정하는 여성 우월로 왜곡될 수도 있음을 지적하고 있다.

이어서 3단계는 새김(Embeddedness)이며 이 단계의 여성들은 가부장적 질서 속에 살고 있기 때문에 여성들이 젠더의식을 발전시키는 데 어려움을 느낀다는 것을 이해한다. 이 때문에 남성중심의 문화에서 빠져나오려 하며 여성들 집단 내에서 편안함을 느낀다. 새김의 경험은 비슷한 여성들 간의 정서적 유대감을 발달시키고 이 유대감이 자기를 개방할 수 있는 요인이 되기도 한다. 또한 여성들의 억압에 대해 다양하게 표출하며 새로운 참조체계와 정체성을 갖게 되면서 자기성찰의 계기를 제공한다. 그러나 이전의 정체성과 새로운 정체성의 갈등은 간혹 초기 단계로 복귀시키기도 한다. 이 단계 후기에는 남성들과 조심스럽게 인간관계를 맺기도 하며 다음 단계 이행에 영향을 준다.

4단계는 참여(Commitment)로 이 단계에서 여성은 자신의 긍정적인 가치를 증대시키고 전통적인 성역할을 초월하여 자신의 삶을 선택할 수 있으며, 남성을 고정화하거나 편견 없이 개인으로 평가할 수 있다. 이 단계의 여성들은 사건을 억압과 연관 지어 수용하고 정확하게 원인을 볼 수 있다. 그리고 세상과 '융통성 있는 평화협정'을 맺고 여성주의 실현을 위해 사회변화 활동에 적극적으로 참여한다. 앞으로의 미래를 위해 개인적인 만족, 효과적인 사회변화의 가능성, 자신의 특별한 재능을 고려하여 자신의 목표를 신중하게 선택한다. 이 단계에서는 사회정의를 향한 변화에 적극적으로 노력하는 최고 수준의 성장에 이르게 된다.

여성주의 정체성 단계는 위의 4단계로 순차적으로 진행되기도 하지만 활동을 통해서 몰랐던 부분, 혹은 여전히 반복되는 모순적 상황에 대한 분노 등으로 인해 눈뜸과 새김의 단계를 오르내리는 나선형의 구조로 진행되기도 한다. 따라서 상담활동가들은 참여의 단계로 전진하거나 이전 단계로 회귀할 수도 있지만 마지막 단계인 적극적인 참여의 정체성을 가질 때 비로소 여성 개인으로서의 가치와 정체성을 더욱 확고하게 할 수 있다고 본다.[25] 이 연구에서는 김민예숙과 박애선이 제안한 바[26]와 같이 성장의 개념을 여성주의 정체성 발달과 연계하여 단계가 높아질 때 '성장'으로 보고자 한다.

3) 여성주의 정체성과 상담의 상관관계

상담활동가들의 여성주의 정체성에 관한 연구는 의외로 많지 않다. 박진아의 연구에 의하면 여성단체의 상담기관이 전통적 상담기관보다 여성주의 상담을 더 많이 실시하고 있으며 여성단체의 상담기관 상담자가 일반 상담기관의 상담자보다 여성주의 정체성 발달 수준이 높은 것으로 밝혀졌다.[27] 이는 일반 상담기관 상담자들이 여성내담자들에게 가부장제 사회의 전통적 여성의 성역할을 적용하여 상담을 하고 있다는 것을 시사한다. 또한 박진아는 여성주의 상담에서 새로운 여성정체성 획득은 전통적인 가부장제의 순응적인 여성역할을 벗어나는 눈뜸의 단계와 새로운 여성정체성을 찾는 새김의 단계에서 중요한 요소라고 보고하고 있다.[28] 따라서 여성단체 상담기관에서는 상담활동가들이 새김의 단계를 충분히 경험할 수 있도록 지속적인 의식화 집단프로그램이 필요하다고 제언하고 있다.

안은주는 성폭력상담소 활동가들이 경험한 좌절과 대처과정을 탐색하였는데 참여자들은 대처전략으로 '적응'보다는 '변화'를 선택하는 경향이 짙고, 자신의 역량을 강화하기 위해 끊임없이 힘쓰고 있으며 내담자에게 역량강화를 도모하듯이 자신에게도 이를 적용하고 있는 것으로 분석되었다.[29] 이는 여성주의 의식이 높으면 소진경험 가능성이 낮다는 기존의 연구[30]와 같은 맥락으로 보이며, 참여자들의 좌절과 대처과정은 여성주의 상담활동가로 성장하는 과정의 하나라고 볼 수 있다.

정미진·송다영은 여성인권 지원단체 활동가들의 여성주의 의식이 소진에 미치는 정도와 영향에 대해 파악하고 여성주의 의식향상에 필요한 교육의 중요성을 제안하였다.[31] 그들의 연구에 의하면 내담자와의 부정적 관계가 높거나 업무역할이 모호한 경우, 역할 갈등이 크거나 업무량과 조직 내 관계, 임금 수준에 만족하지 못하는 경우 소진 수준이 높았으나 여성주의 의식과 연령이 높을수록 소진이 낮아진다고 보고하였다. 그들은 결론에서 여성주의 의식향상을 위한 연구 및 프로그램 개발 요구와 보수교육 등을 통한 상담의 전문성 확보와 명확한 업무분담이 필요하다고 주장하였다.

이 외에 상담활동가의 성장에 관련한 선행연구를 보면 주로 상담활동을 통해서 성장을 저해하는 요인을 분석한 양적 연구가 많았으며[32] 소진이나 대리외상 후 성장에 관한 연구가 주를 이루고 있다.[33] 이상의 연구에 의하면 상담활동가들은 시간이 흐르면서 소진, 또는 좌절하거나 업무관리체계의 비효율성으로 업무가 가중되는 등 여러 가지 위기 상황 등에 빈번하게 노출되고 있어서 이에 대한 교육훈련이나 슈퍼비전, 다양한 연계기관과의 협력체계 구축 등을 통해 역량강화가 필요함을 강조하고 있다.

또한 상담활동가들은 대리외상에 지속적으로 노출되고 있어 대리외상에 대한 인식과 이에 대한 적극적인 대처가 필요함을 제시하고 있다. 무엇보다도 여성운동으로서 반성폭력 상담활동은 여성주의 정체성 발달과 밀접한 연관이 있음에도 불구하고 대부분의 선행연구는 상담상황에서의 소진이나 업무 스트레스 또는 대리외상의 극복으로서의 성장을 다루고 있어서 한계를 보인다.

III. 상담활동가들의 여성주의 정체성 발달 유형

참여자의 진술에서 여성주의 정체성 발달을 분류하기 위해 학술적 용어로 전환된 의미단위들 중 동일한 의미끼리 묶어서 82개의 의미단위요약을 도출히였다. 그리고 도출된 의미단위요약을 보다 상위 개념인 19개의 하위구성요소로 분류한 뒤 마지막으로 총 9개의 구성요소로 구분했으며 이는 다음 <표 1>에 요약되어 있다.

〈표 1〉 참여자의 여성주의 정체성 성장경험

여성주의 정체성 단계	구성요소	하위구성요소
눈뜸	모순 인식	사회적 부당함에 맞섬 혼란스러운 활동 반성폭력 운동 제도화의 인식혼란과 갈등 분노
	나의 문제로 환원	나의 개인적인 문제로 인식 역량 부족 인식
	피해자에 대한 이해	피해자에 대한 인식 변화
새김	연대	동료의 지지 피해자의 지지
	성찰	자신에 대한 성찰 조직에 대한 성찰
	새로운 정체성 확립	여성주의 정체성 확립 전문가 정체성 확립
참여 및 자기돌봄	합리적 판단	타인의 입장 이해 전반적인 이해의 폭 확장
	변화 참여	성폭력 인식변화 활동
	자기돌봄	스트레스 해소방법 실천 자신의 욕구 인정

1) 모순 인식

사회적 부당함에 맞섬 | 반성폭력상담 활동에서 피해자지원 경험은 가장 중심적인 영역이다. 참여자들은 활동하기 전 여성문제에 관심이 있었거나 아니면 자원 활동이나 실습 활동을 통해 반성폭력 활동을 접하게 된다. 피해자지원 경험은 참여자들에게 성차별 사회구조에 대해 인식을 하며 여성주의 정체성 발달에 있어 눈뜸의 단계로 이행하게 하는데 중요한 의미를 가지게 한다. 참여자들은 성차별 사회와 부딪히는 사건들에 빈번하게 노출되고 사회구조 속에서 여성폭력이 어떻게 작용하는지를 경험하면서 모순을 인식하고 수용성 단계에서 눈뜸의 단계로 이행한다.

참여자들의 활동경력은 3년에서 19년까지로 연차별, 시기별로 차이는 있다. 2000년대 이전 시기에는 성폭력이 사회적으로 이슈는 되었지만 상담이 현재와 같이 활성화되지는 않았었다. 당시에는 성폭력 사건 지원을 하면서 적극적인 문제제기와 여론화 활동, 피해자지원 시설을 만들어내는 일들이 수행되었으며 반성폭력 단체들이 조직적으로 대응하고 해결해가는 과정이 많았다. 참여자 11은 피해자들이 자신의 상황을 말하고 드러낼 수 있는 환경들을 조성하기 위한 이슈화 활동을 하며 피해자 지원체계를 구축하는 과정에서 모순을 제시한다.

> 장애인 성폭력 사건이 발생해서…. 학생이었는데 그 마을 전체가 문화마을인가 이랬어. 문화마을에서 이런 일이 발생할 수 없다. 계속해서 한 동네에서 침묵하고 막 그랬단 말이에요. 자기 마을 깨끗한 문화마을이라고 얘기하면서 애를 돌볼 수가 없는 거야. (…) 2002년

도에 우리 쉼터 만들어서 다시 걔들을 데리고 왔지.... (참여자 11)

2000년대 이후에는 성폭력 피해자지원체계 구축을 위해 보다 촘촘한 활동이 펼쳐졌다. 참여자들은 성폭력에 대한 사회적 편견에도 불구하고 자신을 드러내고 싸워가는 피해자들과 함께 성폭력 피해를 근절하기 위해서는 목소리를 내고 변화를 위한 적극적인 활동이 필요함을 인지한다. 그리고 피해자를 비난하는 사회의 잘못된 시각이 있음을 인지하고 먼저 피해자들이 법적인 과정에서 마주치는 장벽들을 돌파하기 위해 다양한 활동을 전개한다. 특히, 성폭력 상담은 법적으로 고소절차가 진행되는 사례가 많기 때문에 경찰이나 검찰, 법원 내에서의 활동도 많았다. 이러한 경험은 사회가 피해자 인권의식이 낮고 오히려 피해자를 비난하는 모순적 상황을 각성하게 하여 부당함에 문제를 제기하는 구체적인 활동으로 이어지게 하였다. 참여자 7은 피해자와 동행하여 참여한 재판에서 판사임에도 불구하고 성폭력특별법에 대한 이해가 낮아 부당함에 맞섰던 법정에서의 경험을 밝히고 있다.

성폭력 특별법이라든지 우리가 따냈는데 결과적으로 내가 써먹기도 했잖아. 법원에서 억수로 진짜 지랄 맞은 재판장이 나보고 나가라면서 했는데 내가 안 된다 법에도 있다고 했는데, 나가라 하면서 이랬는데 나왔다가 다시 들어갔어요. 법에 있으니까.(참여자 7)

혼란스러운 활동 | 참여자들은 반성폭력 상담활동을 시작하면서 높은 의욕으로 출발하지만 시간이 흐르면서 대부분은 자신의 일을 점검하거나 돌아볼 여유가 없어지는 경험을 가지고 있었다. 이는 과

중한 업무가 가장 큰 원인이며 반복되고 늘어나는 실무와 활동의 가치 사이에서 상담활동가들에게 혼란을 야기하는 계기가 된다. 참여자 3은 실무와 활동의 가치에서 느꼈던 혼란스러움과 활동의 의미를 잃게 되었던 경험을 말하고 있다.

> 조직도 커지고 일이 많아지면서 점점 힘들어지는 것을 건강하게 풀지 못했어. 일에 늘 치여서.... 자신에 대해서도 그리고 서로에 대해서도 잘 몰랐던 거 같애 (...) 개인의 다양성을 인정하는 법을 잘 몰랐고, 개인과 조직을 조화롭게 하는 그런 인식과 기술이 부족했었어. (참여자 3)

반성폭력 운동 제도화의 인식 혼란과 갈등 | 여성운동가들의 요구에 의해 국가가 책무를 받아들이고 실질적 지원하기 시작하면서 반성폭력 운동이 제도화의 길로 들어서기는 했지만 그 변화 과정에 놓였던 상담활동가들은 인식의 혼란과 함께 활동의 중심을 고민하게 된다. 제도화 경험은 상담활동가들에게 눈뜸의 단계에서 다음 단계로 이행을 위해 새로운 정체성을 가지게 할 외적 요인으로 작용하기도 했으나 참여자의 경력에 따라 고민 지점과 논의점이 다르게 나타나고 있음을 보여준다. 즉, 참여자 3은 제도화를 거치면서 정부기관의 가치관과 갈등하는 모습을 보여주는 반면, 참여자 9는 반성폭력 단체의 운동과 상담의 가치 사이에서 갈등하고 있어서 시기별로 차이점을 나타낸다.

> 2000년대 중반으로 넘어오면서 상담소와 정부의 파트너 관계로 이야기되면서 적응이 좀 어려웠어. 단편적으로 보면 예전에는 구청이

나 시청에 항의하고 싸웠던 문제였는데, 이때가 되니까 왜 싸우냐고, 왜 관계를 잘하지 못하냐고 비난받았던 것 같아. 처음에는 이게 뭐지 했던 게, 시간이 지나면서 제도화라는 말이 나오고, 그것 때문에 힘이 들었구나 싶더라. 또 정부와 함께 하는 일들이 많아지니까 '내가 뭘 하는 거지'라는 의문 때로는 자괴감이 있었어. 파트너 관계를 통해 피해자지원체계를 잘 만드는 거니까 라는 생각과 현실적으로는 아주 다른 정부 기관의 가치와 문화를 접하면서 오는 갈등?(참여자 3)

상담은 상담소에서 더 잘하고 운동단체는 운동을 더 잘하자. 나누자. 명실상부하게. 그때 제가 들어갔어요. 그 역사적 흐름에 제가 들어갔어요. (…) 나올 때쯤 생각할 때는 같이 가야되는 것에 고민을 계속 해야 되는. 왜냐면 상담은 강화될 수 있으나 운동성은 약해진다는 거. 운동성은 강화됐으나 상담을 할 줄 몰라. 그런데 둘이 같이 가기는 어려워. 뭐 이런 한계가 또 오는 거라.(참여자 9)

분노 | 참여자들은 눈뜸의 단계를 거치면서 차별적 사회구조에 분노하게 된다. 참여자 11은 지금까지 살아오면서 차별을 받지 않았기 때문에 여성으로서 느끼는 점이 없었지만 가장 취약한 계층인 여성장애인관련 단체에서 상담활동을 하며 "몰랐던 부분을 많이 알게 되고 저항성을 가지고 되게 분노하게 되었다"라고 언급한다. 특히 억압당하는 집단에 대한 불공평하다는 생각은 자신의 정체성을 확인하는 계기가 되며 이는 다음 단계로 성장하도록 이끄는 동력이 된다.

2) 나의 문제로 환원

나의 개인적인 문제로 인식 | 참여자 중에서는 과거 성폭력 피해의 외상 경험이 있지만 적절한 치유 과정을 거치지 않은 경우 상담

활동에서 어려움을 호소하였다. 이들은 외상을 가진 채 대리외상을 겪음으로써 외상의 경험이 떠올라 피해자와 동일시되거나 자신의 치유되지 않은 감정으로 인해 피해자에게 과도하게 감정이입이 되었다고 한다. 참여자1은 이러한 상황을 잘 언급하고 있다.

> 내가 치유가 안 된 상태에서 만나니까 이게 이입을 너무 많이 하니까 내가 힘들어지는 거예요. 그래서 걔네를 더 오랫동안 상담을 하고…. 케어를 할 수 있는 부분도 내가 나가떨어졌던 거 같애요. (…) 그래서 '상담을 못 하겠다'라고 얘기를 했었죠….(참여자 1)

또한 적극적으로 문제를 해결하려는 피해자의 모습이 자신과 대비되면서 자존감이 낮아짐과 불안함을 경험하고 자신의 능력에 대한 혼란을 느끼게 되어 일을 그만두는 경우도 있었다. 아래 참여자2는 상담활동 현장에서 피해자와 자신을 비교하며 좌절하는 모습을 보이고 있다.

> 나는 그 얘기를 이때까지 아무에게도 하지 못했거든요. 그러니까 뭔가 대비되는 느낌 있잖아요. 나는 그때 그 사건을 해결하지 못했고. 그러니까는 이제 이 사람이 되게 부럽고 대단하고 하면서 그거에서는 상담가로서 지지를 해주고 이렇게 되는데…. 근데 나는 이거를 뭔가 동일시가 되면서 나와 비교가 되는 거죠. 그때 그러고 나니까는 상담을 잘 못하겠더라고요.(참여자 2)

상담활동가들은 직접적인 성폭력 피해경험이 없어도 대리외상을 통해 변화되기도 한다. 특히 피해자의 자살은 심리적 충격이 매우 큰 사건으로 참여자 8과 같이 상담활동가에게 자존감이나 역량에 부정적 영향을 미치게 된다. 외상경험이 없던 참여자 11은 방관자로서 상담만 하고 지내다가 시간이 지나면서 미디어매체에서 폭력사건을 다루면 '나의 일'처럼 여겨지고 화가 난다고 지적하고 있다.

> 사건 지원하면서 분명한 피해임에도 불구하고 처벌되지 못하는 법적인 현실. 분노하고 슬퍼하고 그랬었죠. 직접적으로 만난 사람, 전화상담한 사람도 있지만 그 사이 자살한 내담자들. 그런 현실하고 마주할 때의 힘겨움이라든지.... 나의 어떤 역량을 되돌아보게 되고 자책하거나 죄책감에 빠지거나 굉장히 그렇게 외상인 거죠. 대리외상, 그런 순간들 이런 것들이 아쉽고 힘들었던.(참여자 8)

역량 부족 인식 | 참여자들은 자신의 피해경험뿐만 아니라 사건지원을 하면서 자신의 역량부족으로 인해 죄책감을 느끼고 자존감이 낮아지는 경험을 한다. 참여자 10은 신입 때 담당한 사건이 자신의 노력과는 다르게 진행되면서 느꼈던 자책감을 말하고 있다.

> 신입 실무자 때에 성폭행 사건의 초기부터 재판 이후까지 길어진 사건을 담당한 적이 있어요. 저 나름대로는 성폭력 피해자의 입장에서 이리 뛰고 저리 뛰고 하였지만, 결론적으로는 피해자의 정신적인 고통을 제때에 이해하지 못했을 뿐더러, 재판의 결과 또한 무죄 판결이 났어요. 더 오랜 경험을 가진 전문가가 대면상담을 하여 사건을 직접 진행했더라면 최소한 무죄 판결은 면했을 거라는 생각이 자꾸만 떠올라 죄책감이 들었고, 사건으로 인해 예민해진 피해자가 어느 순간 저의 능력을 탓하기 시작하자 자존감이 많이 낮아졌어요.(참여자 10)

3) 피해자에 대한 이해

피해자에 대한 인식 변화 | 피해자에 대한 인식 변화는 성차별사회 구조 속에서 여성들이 비슷한 처지와 상황에 놓여 있음을 이해하고 여성들의 삶의 맥락에 대한 구체적인 이해가 필요함을 인지하는 것이다. 참여자들은 성폭력 사건에서 피해자를 만나면서 실제 피해자에 대한 인식을 바꾸고 운동가로 탈바꿈하게 된다. 참여자 10은 현장에서 일하면서 피해자에 대한 인식이 어떻게 변화했는지를 보여주고 있다.

> 저는 만약 성폭력 피해자가 가해자의 집에 따라가거나 모텔에 따라갔다면 피해자에게도 잘못이 어느 정도는 있다고 생각하는 사람이었어요. 활동가들과 이야기를 하다 보면 가끔씩 의견이 충돌하는 경우가 있었고. 그 당시에는 그것이 개인의 가치관 차이라고 생각하여 직장을 그만두어야 할지까지 고민을 했었어요. 여성주의 상담이 그만큼 저에게는 불편했고, 어쩌면 여성주의 운동은 사회 대다수의 사람들에게는 아주 불편할 수도 있다고 생각해요. (…) 이후에는 일반인들을 대상으로 성폭력 편견을 깨는 교육까지 진행하게 되어 여성주의 관점, 피해자 중심에서 생각할 수 있게 되었어요. (참여자 10)

4) 연대

동료의 지지 | 참여자들은 활동이 어렵고 힘들 때 동료의 지지와 연대감을 통해 극복한 경험을 제시하고 있다. 특히 상담으로 인한 대리외상이 비슷한 처지인 동료와 함께 정서적 유대감을 발달시키며 극복되는 것을 확인할 수 있다. 참여자들은 자신과 비슷한 고민을 하는 사람을 찾아서 새로운 사회적 관계를 맺거나 기존의 동료들

과 함께 더 깊은 연대감으로 관계를 발전시키기도 한다. 아래 참여자 2는 동료들 간의 지지로 인해 어려움을 극복한 경험을 제시하고 있고 참여자 6은 마음 맞는 친구들과 함께 여성학을 공부하면서 자기도 모르게 내적 치유를 받는 경험을 했다고 고백한다.

> 상담하면서 상담가로서 활동가로서 실무자로서 활동을 할 때는 힘들었죠. 제가 많았잖아요. 굴곡이(손짓으로),,, 정말 000모임 정말 좋았어요. 서로 한참 그 시기에 힘들어하고 있었던 사람들이 모인 것도 좋았지만, 그게 저한테는 생각하는 훈련을 해준 계기가 되었고. 또 하나는 함께 일하던 팀원들과 야근 마치고 차 마시러 가서 우리가 팀으로서 어떻게 발전을 할 것인가를 이야기를 많이 했고....(참여자 2)

> 우리 같이 공부했던 언니하고 동생이 있는데 3명이 여성학을 공부했는데 3명이 같이 교회를 간 거예요. 맨날 우리끼리 하고 그러면서 이제 좀 교회에서 내적치유 뭐 이렇게 얘기하거든요. 멋도 모르는데 가서 내적치유를 받고. 훈련을 한 2-3년 쭉 받고. 이렇게 하면서 그러면서 6개월 뒤에 돌아가야겠단 마음이 드는 거예요. (참여자 6)

피해자의 지지 | 성폭력 상담은 피해자의 경험이기도 하지만 보편적인 여성들의 경험이기도 해서 보이지 않는 서로의 연대감이 기저에 존재하고 있다. 이러한 연대감은 여성들 간의 긍정적인 가치를 증대시키고 자매애를 구체적으로 느끼게 하며 여성주의 정체성 발달을 확립하는 토대가 되고 있다. 참여자 8은 피해자의 지지를 받고 느꼈던 자매애가 힘이 된다는 것을 알게 되었다고 한다.

많은 그녀들, 각자 조금은 다른 방식이지만 그들 내부 깊은 곳에 있는 삶에 대한 의지와 열정은 소진의 위기에서도 나를 버텨내게 한 큰 힘이 되었다. 피해경험자들을 만나면서 그녀들의 아픔과 고통을 함께 나눌 수 있었던 것, 누군가의 삶의 경험에 들어가 그녀들과 함께 웃고, 울고, 분노하고, 고개 끄덕여지는 공감을 통해 이 시대를 함께 살아가는 여성으로서의 연결감을 느낄 수 있었다.(참여자 8)

5) 성찰

자신에 대한 성찰 | 상담은 내담자를 통해 자신의 모습을 들여다보는 거울과도 같다. 참여자들은 성폭력피해자와 상담하면서 자신이 가진 트라우마, 열등감, 가치관, 성에 대한 관점 등과 대면하기도 하고 여성으로서의 삶을 돌아보게 된다. 이들은 가부장적 질서 속에서 여성으로 젠더의식을 발전시키는 어려움을 인지하고 있었으며 스스로가 의식형상을 위해 노력하는 성찰적 태도가 중요함을 언급하고 있다. 참여자들은 여성으로 살아왔던 경험, 자신의 몸에 대한 새로운 인식, 자기개방을 통한 여성적 가치의 중요성을 강화하고 있었다. 참여자 9는 상담활동을 통해서 사회와 나, 인간관계 속에서의 나, 여성 그리고 인간으로서 나에 대한 성찰을 입체적으로 언급하고 있다.

나 스스로를 돌아보면서 나는 지금 여성으로서 어디에 위치 지어져 있고 그런가.... 그 뿐만 아니라 내 개인의 역사 속에서 상담 활동을 할 때는 내담자를 보면서 그게 또 나를 보게 되잖아요. 상담하면서. 내가 가졌던 어릴 때의 트라우마 라든지 내가 가지고 있는 열등감. 나를 들여다보는 시간이 많았던 거 같아요. 그게 상담덕분이라고 생각해요. 상담 없이 운동했으면 오만덩어리가 됐었을 거 같아요. 내 잘났다 생각하고...(웃음). (참여자 9)

조직에 대한 성찰 | 상담활동가들은 자신보다는 타인, 나보다는 조직이 우선인 삶을 살아왔지만 모순되게도 그 조직에 대해 성찰하면서 후회감을 보이고 있었다. 그 후회감은 자신이 역할을 다하지 못한 것, 조직 안에서 활동의 중심을 견지하면서 구성원간의 소통, 활동내용에 대한 점검, 미래의 비전 등을 충분히 논의하지 못한 점들이었다. 조직에 대한 성찰의 모습은 '과연 상담활동가들을 둘러싼 조직이 여성주의적인가'라는 고민을 하게 한다. 반성폭력 상담활동가들에게 성폭력 없는 정의로운 사회를 만드는 것은 중요한 가치이지만 자신이 몸담은 조직에서 여성주의를 실현하는 것 역시 중요하기 때문이다. 참여자 3은 그러한 맥락에서 조직 내 여성주의 실현을 하지 못했던 것에 대해 아쉬움을 드러내고 있다.

> 조직이 너무 상부 중심이고 상명하달식으로 지시적이라는 것이. 조직을 사람들이 좀 더 다양하게 얘기할 수 있고 펼칠 수 있는 공간으로 만들지 못했다는 것이 좀 후회되지. 사람들에게 상처를 많이 줬어. 내가 주기도 하고 주는 걸 지켜보기도 하고. 그런 조직이 되는 것에 나도 일조했다는 후회가 나중에 컸어. (참여자 3)

참여자들은 조직이 제대로 운영되려면 개인의 신념과 열정뿐 아니라 구성원 간에 건강한 소통과 논의가 필요함을 강조하고 있다. 참여자 9는 제도화된 상황이지만 조직이 운동의 의미를 잃거나 잊지 않도록 소통하고 여성주의 정체성을 강화하기 위한 세밀한 작업이 필요하다고 지적하고 있다.

그러려면 소통이 잘 되어야겠지요. 그리고 역량 강화를 많이 해야지요. 사람에 대한 투자를 얼마나 하는가? 여성운동단체들이 (…) 몸이 힘들면 정서를 무장시켜 있게 만들어야 되는데 그런 부분에 대해 많이 고민 못한 게 있었죠. 그러려면 운동에 대한 마인드 있어야 되요. 여성운동적 관점에서 상담활동가도 키우고 자원봉사자도 키우고. 큰 틀은 운동이라 생각하고 도구로 상담을 쓸 수 있는 거예요. 그 도구로 사람을 만나는 거지요.(참여자 9)

6) 새로운 정체성 확립

여성주의 정체성 확립 | 참여자들은 여성주의 정체성 확립을 위해 끊임없이 학습하며 성찰하고 여성주의 가치 실현을 위해 자신의 자질을 높여나가고 있었다. 여성주의 정체성이 높아지면 자아성찰감도 함께 높아지는데 참여자 8은 정체성 발달을 통해 여성주의의 가치가 삶의 신념이 되는 상황을 보여주고 있다.

여성주의 가치는 상담가로서 자신을 끊임없이 점검하게 하고 여성으로서 살아간다는 것은 어떠한 것인지를 일깨워주는 신념이 되었죠. (참여자 8)

전문가 정체성 확립 | 또한 참여자는 상담활동가로서 받았던 훈련이 실제 현장에서 효과를 보는 과정을 경험하며 전문가로서의 성장한 점과 이에 대한 자존감을 언급하기도 한다. 참여자 11은 가해자 변호사와 싸우기 위해 엄청난 훈련을 받았고 그 결과 가해자 기소율이 높아진 것에 대해 상당한 자긍심을 보이고 있다.

전국에 9명의 전문가들이 있는데 우리 같은 전문가들이 매달 모여서 사례발표하고 피드백 받고…. 엄청 나게 트레이닝 받았기 때문에 그러한 분석보고서가 나오고 장애인에 대한 기소율이 높아졌고…. 그런 거는 '우리가 일조를 했다'라는 생각을 해요.(참여자 11)

7) 합리적 판단

타인의 입장 이해 | 참여자들은 여성들 간의 유대감을 발달시켜가면서 자기개방의 경험을 하게 되는데 이러한 경험들은 인간 본연의 가치, 그 인간 자체를 인정하는 것의 중요함을 인식하도록 하여 판단의 폭을 확장한다. 참여자 4는 자신이 아닌 상대방의 입장에서 이해하는 것이 중요한 것임을 알게 되었다고 한다.

삶이 장면에서 결국은 그 결정을 할 수 있도록 계속해서 이야기해주고 말해주고 그런 것들은 이제 좀 더 많아지는 부분이에요. 그 사람의 입장에서 출발해서 이해하고 결정할 수 있도록 하는 것, 그게 맞는 거 같아요.(참여자 4)

전반적인 이해의 폭 확장 | 구체적으로 참여자들이 사람에 대한 이해의 폭이 넓어지게 된 것은 자신이 힘들고 고통스러웠던 경험과 인간으로부터 상처를 받은 피해자들을 만나면서 느낀 경험에 근거해서 나온 것들이며 이는 새로운 사유의 출발이 되기도 한다. 다시 말해, 참여자들은 상담활동을 통해서 이전의 이분법적인 사고를 변화시킬 수 있었다고 말한다. 이들은 개개인의 삶의 경험과 맥락이 다르고 차이가 나기 때문에 자신만의 경험과 맥락으로 접근하는 것이 또 다른 관계의 단절을 가져온다는 것을 인식한 것이다. 참여자

들은 자신과 생각이 다른 사람들에게 어떻게 접근하고 다가가는 것이 필요한지를 알게 되면서 다른 사람의 말을 듣게 되었고 인식의 확장을 통해서 어떻게 이들과 함께 갈 것인가를 고민하는 포용적인 태도로 변모되었다고 한다. 참여자 2는 다른 사람을 이해하고 받아들이게 된 과정과 변화의 모습을 보여주고 있다.

> 너는 너고 나는 나. 내 일 아니니까 내 바운더리 안의 사람들만 내 사람, 이 바깥사람들은 신경을 안 쓰고 그랬는데. 근데 이제 그래도 일을 하면서는 같이 함께 가자하는 이런 마음들이 있으면서 같이 움직이고 하다 보니까 저절로 잘 모르는 사람한테도 관심이 간다고 해야 되나,,, 사람이 하는 행동에 대한 포용하는 정도가 넓어졌다고 해야 되나.(참여자 2)

참여자들은 한 개인의 삶을 들여다보고 인간에 대한 고민을 하게 되면서 전략적으로 어떻게 말을 해야 하고 대화를 할지에 대해 많은 고민을 하게 되었다고 한다. 이들은 무엇보다도 여성주의 실현에 대한 구체적인 방법과 전략 등에 민감하게 되고 지속적인 관계를 통해 사회를 변화시키기 위한 역할을 스스로 모색하고 실천하고 있었다. 참여자 3은 그러한 고민들이 어떻게 옮겨지고 있는지를 보여주고 있다.

> 자본주의 사회가 인간들을 이렇게 만들었다, 나름의 그거는 내리긴 했지만 그래도 가부장제 사회가 또 이렇게 만들었구나 라는 걸로 그게 이제 여성주의 의식으로서 넘어간 거지. 그러면서 좀 더 성장하게 되고. 남자라는 인간을 보는 데 있어서 좀 더 객관화하고 구조적으로 바라보는 그런 것들도 만들어줬던 거 같애,,,(참여자 3)

8) 변화 참여

성폭력 인식변화 활동 | 참여자들에게 성폭력 인식전환 활동은 성폭력의 사회구조적인 문제점을 알리고 이를 변화시키는 노력을 구체적으로 보여주는 실제적인 행동이다. 이러한 경험들은 참여자들의 활동 방향에 대한 모범적인 예시가 되고 있으며 사회를 변화시키는 창조적인 사업을 전개하는 자원이 되기도 한다. 이러한 활동은 궁극적으로 상담활동가들을 위한 적극적인 훈련의 과정이며 참여 단계의 중심적인 요소가 된다. 참여자 5는 성폭력을 근절하기 위한 다양한 사업 전개를 펼치며 열정적으로 활동한 모습과 이에 대한 만족감을 보여주고 있다.

> 판사라든지 검사, 변호시 모니터해가지고 반인권적인 발언을 한 거라든지 시간을 어긴다든지 이런 걸 다 모니터해서 책 내고 언론에 내고…. 그런 것들을 이제 법조계에 경각심도 줄 수 있었고 뿌듯했던 거 같애요….(참여자5)

9) 자기돌봄

스트레스 해소방법 실천 | 참여자들은 지금까지 힘든 일을 해오면서 스스로를 양육하는 방법을 발견하기도 한다. 참여자 11은 '여행이나 독서, 자신에게 선물을 하면서 스트레스를 해소'하고 있다고 밝히고 있으며 참여자 1은 "추석이나 설날 때 상담일지 쓰러 사무실에 갔다"며 이제는 "내 시간을 가지려고" 노력한다고 말한다.

자신의 욕구 인정 | 참여자들은 참여의 단계로 들어서면서 개인의 성장에 필요한 새로운 태도를 지니게 되며 자기감정과 욕구를 충실하게 수용하게 된다. 대개 상담활동가들은 자신의 욕구나 감정은 이기적인 것으로 생각하고 자신에 대해 돌봄을 소홀히 한 경향이 있다. 여성주의의 가치는 여성으로서의 자신, 인간으로서의 자신을 끊임없이 돌아보며 성찰해가는 과정이 중요한 특성이라고 본다. 무엇보다 여성으로서의 가치를 재발견하고 자신을 받아들이며 인정하지 않고서는 세상도 존재하지 않기 때문이다. 참여자들은 자신이 바로 서고 즐겁고 행복할 때 사회와 세상도 건강한 방향으로 흘러갈 수 있는 것임을 알게 된 것이다. 참여자 4는 자신을 인정하며 스스로 즐겁게 사는 법을 터득한 것에 대해 말하고 있다.

> 그 부족한 나 자신에 용기가 생겼던 거 같아요. 그러면서 치유가 되고 마음이 편해졌어요. (…) 그런 나의 부족하고 못난 모습에 대해서 아, 그게 그냥 나지, 숨기지 않고 내가 나를 받아들이는 게 가능하면서 좀 치유가 됐어요. (참여자 4)

IV. 지속가능한 반성폭력 상담 활동을 위하여

상담활동가들의 경험이 성장해 나가고 지속되기 위해 반성폭력 상담활동가의 여성주의 정체성 발달단계과의 관계에 대해 논의 해 보고자한다. 이들은 상담활동을 통해 눈뜸, 새김, 참여의 단계로 이행하는 경우도 있으나 대리외상 경험으로 이전 단계로 회귀하거나 일을 중단하기도 한다. 이를 구체적으로 살펴보면 다음과 같다.

첫째, 참여자들은 대부분 피해자 지원활동의 경험을 통해 눈뜸의 단계로 이행한다. 참여자들 중 일부는 상담활동 이전부터 사회문제에 관심을 가지고 운동을 해온 사람도 있지만, 대부분은 단순히 여성문제에 관심이 있었거나 성폭력상담원교육을 통해 자원 활동을 한 경우 또는 대학생 때 실습을 한 후 활동을 시작한 경우가 많았다. 따라서 참여자의 대부분은 피해자 지원활동을 하면서 눈뜸의 단계로 이행하는 과정을 보였다. 이들은 성폭력 사건을 통해 사회구조 속에서 여성폭력이 어떻게 작동하고 있는지 보게 되고 그러한 사건에 빈번하게 노출 되면서 사회를 변화시키는 것이 무엇보다 필요하다고 느끼게 되면서 적극적인 활동을 하게 된다. 박애선의 연구에 의하면 여성주의 정체성 발달의 이행과정은 여성의 준비성과 자신의 독특하고 개인적인 삶의 맥락에 의해 결정된다고 하였다.[34] 이렇게 참여자들의 사회구조의 모순적 상황에 대한 각성은 성폭력에 대한 구체적인 문제제기와 연결되는 눈뜸 단계의 특성을 구체적으로 보여주고 있다.

하지만 피해자지원 활동의 경험은 과중한 업무로 참여자들을 힘들게 한다. 이 과정에서 참여자들은 실무와 활동의 가치를 혼란스러워하는데 자신의 업무를 적절하게 통제하고 활동의 가치를 잃어버리지 않도록 개인적 노력도 필요하지만 무엇보다 조직의 중재가 뒷받침되어야 할 부분이다. 이 때문에 참여자들이 소진하여 일을 그만두거나 이전 단계로 다시 회귀할 수도 있으므로 의식향상을 위한 학습이나 재충전, 역량강화 등을 이 시점에서 반드시 고려해야 한다. 정미진·송다영의 연구에서도 여성주의 의식이 높을 경우 소진을 경험하지 않을 가능성이 높다는 점을 밝히고 있다.[35] 이명신 외의 연구에서는 과중한 업무로 인한 개인의 소진은 개인적인 대처전략보다는 조직적 차원에서 해결되어야 한다고 주장한다.[36] 즉, 과중한 업무에 대한 진단, 활동가들의 발언권 강화, 상호 의사소통 등의 조직적 대처가 소진을 예방하는 중요한 전략이라는 것이다.

둘째, 참여자들은 직접 피해자를 만나는 과정에서 대리외상 경험하며 자존감, 신뢰, 힘, 친밀감 등에서 부정적 영향을 받고 있었다. 이들은 대리외상을 경험하면서 자신의 상처를 재인지하지만 치유되지 못한 채 활동하면서 결국 불안과 소진으로 활동을 정리하는 경우도 있었다. 이는 참여자들이 눈뜸의 단계에서 다음 단계로 이행하는 데 있어서 대리외상의 문제해결이 얼마나 중요한지를 보여주는 것이다.

그러나 현재 성폭력상담을 수행하는 단체나 기관들은 대부분 자체적으로 대리외상의 예방 및 개입을 다루지 않고 있는 실정이다.[37] 대리외상의 문제를 상담활동가 스스로가 해결하는 것은 적절하지 않음에도 불구하고 참여자들은 대리외상의 경험을 개인의 문제로 생각하고 자신의 역량 부족으로만 받아들이는 경우가 있었다. 이들의 심리·정서적 안정과 지속적인 활동을 위해서라도 대리외상에 대한 예방과 개입을 위한 단체나 기관의 역할은 매우 중요하다고 본다. 상담활동가의 보수교육에 반드시 이 부분을 재고하여 교육과정에 포함할 필요가 있다. 또한 자신을 돌볼 수 있는 기회, 안식월이나 안식년 등 조직적 배려가 뒷받침되어야 할 것이다.

셋째, 참여자들은 변화를 선택해 가는 과정에서 주위 집단의 지지와 연대를 구축하고 있으며 자신과 조직에 대한 성찰과정을 통해 새김의 단계로 나아가고 있었다. 참여자들은 자신과 비슷한 처지의 여성들과의 유대감을 발달시키거나 자매애를 통해 역량을 강화하면서 성장하고 있었다. 이들은 피해자들의 적극적인 대처모습에서 오히려 힘을 얻기도 하고 자기개방을 통해 여성들 간의 긍정적 가치를 발견하며 끈끈한 연대감을 구축하고 있었다. 이러한 과정을 거치면서 참여자들은 우리 사회 속에서 여성이 젠더의식을 발전해가는 데 어려움이 있음을 인지하며 자신의 발전을 위해 성찰적 태도가 중요함을 알게 된다. 즉, 여성적 가치의 중요성을 강화하고 여성에게 필요한 참조체계를 고찰하며 새로운 정체성의 확립을 위해 자신을 돌아보게 된다. 이는 조직에 대한 성찰로 이어져 보다 나은 사회를 위해 여성주의적 가치를 실현하도록 고민하는 계기가 된다.

넷째, 참여자들은 성폭력 인식전환 활동을 통해 여성 억압의 실상을 알리는 창조적인 활동을 전개함으로써 사회변화에 참여하고 있었다. 이들은 잘못된 사회통념에 도전하고 다양한 사람들을 만나면서 때로는 그들의 편견에 맞서는 고통스러운 경험도 하지만 이를 통해 인간을 편견 없이 바라보는 이해의 폭을 확장하는 단계로 나아가기도 한다. 또한 이들은 사회변화를 위한 효과적인 전략을 자신의 목소리로 전달할 수 있는 역량을 보이기도 했다.

다섯째, 참여자들은 참여의 단계에서 자신의 욕구를 인정하며 자기 돌봄을 실현하고 있었다. 피해자뿐 아니라 상담활동가들도 반성폭력 운동의 주체가 되어야 하므로(변혜정, 2006) 이들의 안녕과 행복은 지속가능한 활동에 필수적인 요인이기 때문이다. 피해자 지원 활동을 하면서 사회를 변화시켜나가는 것이 중요하지만 자아실현 없이 헌신적으로 운동한다는 것은 한계가 있기 때문에 상담활동가들에게 반성폭력 운동은 궁극적으로 자신을 돕는 일이며 행복하고 즐거운 일이 되어야 한다.

이와 같이 반성폭력 상담활동가들의 성장경험은 자신과 사회에 대한 이해로부터 출발하지만 피해여성의 특수한 경험과 맥락을 중심에 두면서 자신도 중심부에 위치시키는 것이 중요하다는 것을 깨닫는 과정이었다. 참여자들의 성장경험의 구성요소는 여성주의 정체성 발달과 맥락을 함께 하며 좀 더 높은 수준의 여성주의 정체성을 지향하고 있음을 알 수 있다. 박진아의 연구에서도 여성상담기관의 상담자들이 실제 피해여성을 지원하고 성폭력의 인식 변화를 위한 다양한 활동에 참여하게 되면서 여성주의 정체성 발달단계가 높게 나타났다고 한다.[38] 즉, 반성폭력 운동은 여성주의 정체성 발달과 밀접한 연관이 있으며 상담활동가들은 자신의 정체성 발달을 위해 다각도로 고민하고 실천하고 있다.

이 연구의 의의는 반성폭력 상담활동가들의 성장경험에 대한 연구가 많지 않은 상황에서 부산지역을 중심으로 이들의 경험을 다루었다는 점이다. 즉, 이 연구를 통해 상담활동가들의 성장 경험을 구체적으로 드러냈으며 그 본질적 의미가 여성주의 정체성과 밀접한 상관관계가 있음을 구체적으로 밝힐 수 있었다. 대개 반성폭력 운동에 관한 연구는 특정 지역에 편중되어 있는 편이고 지역의 활동을 중심적으로 한 연구가 많지 않기 때문에 이 연구를 계기로 반성폭력 운동에 관한 지역 사례들이 더 늘어나기를 기대한다.

그러나 포화상태를 고려하더라도 이 연구는 부산지역에 한정된 총 11명의 참여자로부터 수집된 자료로 분석되었고 이들의 활동 경력에도 차이가 있으며 중심적인 활동업무도 다양하게 나타나 표집의 한계를 보인다. 활동 연차별로 분리하여 더 많은 사례를 축적한다면 상담활동가들의 성장경험을 단계적으로 분석할 수 있게 되고 이에 따른 문제해결 방안도 보다 구체화할 수 있을 것으로 생각한다.

마지막으로 부산지역의 반성폭력 운동의 발전과 후속 연구를 위해 다음과 같이 제언하고자 한다. 첫째, 상담활동가들의 대리외상 경험에 대한 치유적 접근이 이루어질 필요가 있다. 상담활동가들의 대리외상에 관한 연구가 활발하지만 현장에서 활동하고 있는 상담활동가들의 치유를 위해 적용된 사례는 부족한 실정이다. 상담활동가들이 대리외상 후 성장해 갈 수 있도록 현장에서 적극적으로 연구의 결과를 피드백하고 치유적인 접근을 할 필요가 있다.

둘째, 반성폭력 상담활동이 여성주의 상담으로서 구현되고 있는가에 대한 연구가 필요하다. 이번 연구결과 반성폭력 상담활동이 여성주의 정체성 발달과 매우 밀접한 연관이 있음이 나타났지만 상담현장에서 실제로 여성주의 상담이 이루어지고 있는가에 대한 의문은 다시 과제로 남게 되었다. 성폭력상담은 여성주의 상담의 철학과 원리를 적용해나가는 것이 중요하기 때문에 성폭력상담과 여성주의 상담 간의 긴밀한 네트워크가 필요하며 구체적인 사례 연구 활동이 이루어져야 할 것이다.

셋째, 지역의 반성폭력 운동사에 대한 연구가 절실하다. 이 연구에서는 부산지역 반성폭력 상담활동가의 성장경험으로 접근하였지만 연구를 하는 과정에서 다양한 지역을 중심으로 더 세세한 연구가 필요함을 느끼게 되었다. 각 지역별 반성폭력 운동이 연구된다면 그 역사적 흐름이나 맥락을 이해하는데 도움이 될 것으로 보인다. 이를 통해 앞으로 각 지역에 적합한 반성폭력 운동의 비전을 도출할 수 있을 것으로 생각한다.

주

1) 변혜정, 「반성폭력 운동과 여성주의상담의 관계에 대한 연구:-상담지원자의 입장에서」, 『한국여성학』 22권 3호, 한국여성학회, 2006.

2) 김민예숙, 「미국과 한국의 여성주의상담 역사 비교 분석」, 『한국심리학회지: 여성』 제16권 제2호, 한국심리학회, 2011.

3) 권해수, 「성폭력상담자의 대리외상 관련 변인 연구: 상담유형, 외상경험, 사회적 지지를 중심으로」, 『상담학연구』 제12권 제1호, 한국상담학회, 2011; 권해수·김소라, 「성폭력 상담자의 대리 외상 경험에 대한 질적 연구」, 『한국심리학회지』 제18권 제3호, 한국심리학회, 2006.

4) 이명신·양난미·안수영·김보령, 「성폭력상담원의 소진 결정 요인 : 업무과중, 공감피로, 피해자중심서비스(Victim-centered service)의 이차피해태도」, 『비판사회정책』 제50호, 비판과 대안을 위한 사회복지학회, 2016; 임수진·김혜숙, 「자기효능감, 지각된 지지, 내재적 동기가 성폭력상담소 종사자의 심리적 소진에 미치는 영향」, 『한국심리학회지: 여성』 제16권 제4호, 한국심리학회, 2011; 정미진·송다영, 「여성인권지원 단체 활동가의 여성주의 의식이 소진에 미치는 영향」, 『젠더와 문화』 제3권 제1호, 계명대학교 여성학연구소, 2010.

5) 안은주, 「성폭력상담소 활동가의 좌절과 대처 과정에 관한 연구」, 『아시아여성연구』 제54권 제1호, 숙명여자대학교 아시아여성연구원, 2015.

6) 김민선, 「성폭력 상담기관 종사자의 직무스트레스, 사회적 지지 및 우울 : 전국여성·아동폭력피해지원센터 종사자 중심으로」, 광운대학교 석사학위논문, 2013; 박지영, 「여성폭력관련상담소 및 시설종사자의 업무로 인한 스트레스 및 관련요인연구 : 부산·경남지역을 중심으로」, 『한국사회복지조사연구』 제18권, 연세대학교 사회복지연구소, 2008; 최순선, 「성폭력 상담기관 종사자의 직무스트레스, 사회적 지지 및 우울- 전국 여성·아동폭력피해 지원센터 종사자 중심으로-」, 경북대학교 석사학위논문, 2015.

7) 강방글·한인영·이현정·박정림, 「성폭력 상담사의 대리외상에 대한 주관성 인식 유형 연구」, 『정신보건과 사회사업』 제41권 제3호, 한국정신보건사회복지학회, 2013; 김보경, 「성폭력, 성매매상담자의 이차적 외상스트레스와 대리외상의 단계에서의 외상 신념의 매개효과」, 이화여자대학교 석사학위논문, 2012; 신혜섭, 「성폭력 상담원의 대리 외상 관련 변수」, 『생활과학연구』 제18권, 동덕여자대학교 생활과학연구소, 2013; 안은주, 「상담자의 대리외상 후 성장 과정」, 숙명여자대학교 박사학위논문, 2016.

8) 김은영, 「성폭력상담자의 대리 외상 감소를 위한 인지행동치료 프로그램 개발 및 효과」, 명지대학교 박사학위논문, 2016.

9) 안은주, 「상담자의 대리외상 후 성장 과정」, 숙명여자대학교 박사학위논문, 2016.

10) 이미정, 「상담수련과정에서 상담자의 자기 발달 경험 연구」, 숭실대학교 박사학위논문, 2014.

11) 부산여성단체연합, 『부산여성단체연합 활동백서』, 부산여성단체연합, 2007.

12) 여성가족부, 『2017년 여성가족부 권익운영지침』, 여성가족부, 2017.

13) 김민예숙, 앞의 글; 안은주, 「성폭력상담소 활동가의 좌절과 대처 과정에 관한 연구」, 『아시아여성연구』 제54권 제1호, 숙명여자대학교 아시아여성연구원, 2015.

14) N. H. Downing & K. L. Roush, From Passive Acceptance to Active Committment: A Model of Feminist Identity Development, *Counselling Psychology* Vol 13, 1985.

15) 김세일, 「청소년상담자의 성장 경험에 관한 현상학적 연구」, 경성대학교 박사학위논문, 2013.

16) T. M. Skovholt & M. H. Ronnestad, Themes in Therapist and Counsellor Development, *Journal of Counselling and Development* Vol 70, No 2, 1992. 이미정, 앞의 글에서 재인용.

17) 김민예숙, 앞의 글.

18) I. S. Brown, *Subversive Dialogue: Theory in Feminist Therapy,* New York: Basic Books, 1994. 박진아, 「여성상담기관의 여성주의 상담에 관한 연구」, 가톨릭대학교 석사학위논문, 2000에서 재인용.

19) 박애선, 「여성주의 집단상담이 여대생의 여성주의 정체성 발달수준과 적응변인에 미치는 영향」, 숙명여자대학교 박사학위논문, 1993.

20) N. H. Downing & K. L. Roush, op.cit.

21) J. Worell & P. Remer, *Feminist Perspectives in Therapy: An Empowerment Model for Women,* Chichester, England: Wiley, 1992.

22) N. H. Downing & K. L. Roush, op.cit.

23) 공미혜·류순덕, 「전화상담 여성자원봉사자의 여성주의 정체성이 직무 만족에 미치는 영향」, 『상담학연구』 제5권 제1호, 한국상담학회, 2004.

24) 박진아, 앞의 글; 워렐과 리머, 2015)

25) J. Worell & P. Remer, op.cit.

26) 김민예숙, 앞의 글; 박애선, 앞의 글.

27) 박진아, 앞의 글.

28) 위의 글.

29) 안은주, 「성폭력상담소 활동가의 좌절과 대처 과정에 관한 연구」, 『아시아여성연구』 제54권 제1호, 숙명여자대학교 아시아여성연구원, 2015.

30) 정미진·송다영, 앞의 글.

31) 정미진·송다영, 앞의 글.

32) 위의 글.

33) 강방글 외, 앞의 글; 권해수·김소라, 앞의 글; 김민선, 앞의 글; 김보경, 앞의 글; 김은영, 앞의 글; 김인주·김도연, 「지각된 사회적지지, 탈중심화, 삶의 의미가 외상 후 성장에 미치는 영향: 대리 외상을 경험한 성폭력 지원기관 종사자들을 대상으로」, 『상담학연구』 제16권 제5호, 한국상담학회, 2015; 박지영, 앞의 글; 신혜섭, 앞의 글; 이명신 외, 앞의 글; 임수진·김혜숙, 앞의 글.

34) 박애선, 「여성주의 집단상담이 여대생의 여성주의 정체성 발달수준과 적응변인에 미치는 영향」, 숙명여자대학교 박사학위논문, 1993.

35) 정미진·송다영, 앞의 글.

36) 이명신 외, 앞의 글.

37) 강방글 외, 앞의 글.

38) 박진아, 앞의 글.

참고문헌

[제1장]

1. 푸코의 저작들

1) 연대순 저작

Historie de la Folie a l'age classique, Gallimard, 1961.
Naissance de la Clinique, PUF, 1963.
Raymond Roussel, Gallimard, 1963.
Les Mots et les Choses, Gallimard, 1966.
L'Archeologie du savior, Gallimard, 1969.
L'Ordre du discours, Gallimard, 1971.
Surveiller et Punir, Gallimard, 1975.
Historie de la Sexualité: La Volonté de savoir, Gallimard, 1976.
Historie de la sexualité : L'Usages des plaisirs, Gallimard, 1984.
Historie de la sexualité : Le Souci de soi, Gallimard, 1984.
Historie de la sexualité : Les aveux de la chair, Gallimard, 2018.

2) 국내 번역서

미셸 푸코, 이규현 역, 『성의 역사 1: 지식의 의지』, 나남출판사, 2004.
미셸 푸코, 문경자·신은영 역, 『성의 역사 2: 쾌락의 활용』, 나남출판사, 2004.
미셸 푸코, 이영목 역, 『성의 역사 3: 자기배려』, 나남출판사, 2004.
미셸 푸코, 김부용 역, 『광기의 역사』(축약판), 인간사랑, 1992.
미셸 푸코, 홍성민 역, 『임상의학의 탄생』, 인간사랑, 1993.
미셸 푸코, 이광래 역, 『말과 사물』, 민음사, 1993.
미셸 푸코. 이정우역. 『지식의 고고학』, 민음사, 1993.
미셸 푸코, 박홍규 역, 『감시와 처벌』, 강원대학교 출판부, 1989.
미셸 푸코, 김현 역, 『이것은 파이프가 아니다』, 민음사, 1995.
미셸 푸코 외, 이희원 역, 『자기의 테크놀로지』, 동문선, 1997.

2. 미셸 푸코에 관한 저작들

김현, 『시칠리아의 암소』, 문학과 지성사, 1990.

김현 외 편역, 『미셸 푸코의 문학 비평』, 문학과 지성사, 1989.

Colin Gordon 편, 홍성민 옮김, 『권력과 지식 : 미셸 푸코와의 대담』, 나남출판사, 1991.

이광래, 『미셸 푸코』, 민음사, 1989.

이정우, 『담론의 공간』, 민음사, 1994.

윤평중, 『푸코와 하버마스를 넘어서』, 교보문고, 1990.

존 라이크만, 심세광 옮김, 『미셸 푸코: 철학의 자유』, 인간사랑, 1990.

드레피스/레비노우, 서우석 옮김, 『미셸 푸코: 구조주의와 해석학을 넘어서』, 나남, 1989.

마크 포스터, 이정우 옮김, 『푸코, 마르크시즘, 역사』, 인간사랑, 1997.

한상진/오생근 외 역, 『미셸 푸코론』, 한울, 1990.

질 들뢰즈, 조형근 외 옮김, 『들뢰즈의 푸코』, 새길, 1986.

쟈크 데리다 외, 박정자 옮김, 『광기의 역사 30년 후』, 시각과 언어, 1997.

G. Gutting, Michel Fouault's archaeology of scientific reason, Cambridge Univ. Press, 1989.

M. Serres, Hemes ou la communication, Ed. Minuit, 1968.

3. 푸코 관련 논문 및 저술

고원, 「셀 푸코와 몸의 역사」, 『서양사론』 104, 한국서양사학회, 2010.

C. 라마자노글루, 최영 외 역, 『푸코와 페미니즘』, 동문선, 1998.

아폴로도로스, 천병희 옮김, 『원전으로 읽는 그리스 신화』, 숲 출판사, 2004.

앤서니 기든스, 배은경·황정미 옮김, 『현대 사회의 성·사랑·에로티시즘』, 새물결, 1996.

윤진, 「스파르타의 페데라스티아」, 『역사와 문화』 4, 문화사학회, 2002.

조광제, 「미셸 푸코의 권력론」, 『시대와 철학』 2, 한국철학사상연구회, 1991.

진태원, 「푸코에 대한 연구에서 푸코적인 연구로」, 『역사비평』 99, 역사비평사, 2012.

차영길, 「서양고대사에서 푸코의 성 담론의 수용과 비판」, 『역사와 경계』 56, 부산경남사학회, 2005.

차영길, 「그리스의 사랑 '페데라스티아'(παιδεραστία)-H. Patcher와 M. Foucault의 비교-」, 『지중해지역연구』, 부산외국어대학교 지중해지역원, 2018.

폴 벤느, 「로마 제국」, 필립 아리에스·조르주 뒤비 공편, 주명철·전수연 공역, 『사생활의 역사』 1, 새물결, 2002.

폴 벤느, 이상길 · 김현경 옮김, 「역사학을 혁신한 푸코」, 『역사를 어떻게 쓰는가』, 새물결, 2004.

K. Dover. Greek Homosexuality: Updated and with a New Postscript. 1978년 초판. 2016.

M. Duberman. Queer Representations: Reading Lives, Reading Cultures, New York. 1997.

Ernst Freud. Sigmund Freud, Penguin Book. 1985.

D. Garrison. Sexual Culture in Ancient Greece, Norman OK. 2000.

D. Halperin. One Hundred Years of Homosexuality: And Other Essays on Greek Love (New Ancient World Series). 1989.

M. Johnson and T.Ryan. Sexuality in Greek and Roman Society and Literature: A Sourcebook, London: Routledge. 2005.

M..R. Klabunde. Boys or Women?, Ph.D., Cincinnati Univ. 2001.

D. Larmour, P.Miller and C.Platter eds. 1998. Rethinking Sexuality: Foucault and Classical Antiquity, Princeton U.P. 1998.

Harald Patzer. Die griechische Knabenliebe. 1982.

Halperin, David M. One Hundred Years of Homosexuality: And Other Essays on Greek Love. Taylor and Francis. 1990 그리고 Kindle Edition 2008.

W.A. Percy. "Reconsiderations about Greek Homosexualities," in Same-Sex Desire and Love in Greco-Roman Antiquity and in the Classical Tradition of the West, ed. B.C. Verstraete and V. Provencal, Harrington Park Press. 2005.

[제2장]

가톨릭대 성심교지편집위원회 「우리에겐 페미니즘 공동체가 필요합니다.-평등한 대학을 만들기 위한 펭귄들의 멀리뛰기- '펭귄프로젝트'」, 『성심교지』, 2018. 5. 31.

경상대학교 개척자교지편집위원회, 「It is the misogyny」, 『개척자』, 경상대학교, 2018.

경상대학교 여성연구소 · (사)전국여교수연합회 엮음, 『여성의 눈으로 본 대학사회와 젠더정치』, 오름, 2012.

국공립대학여교수회연합회, "국공립대학여교수회연합회 창립 선언문", 2017.

김수경, 「우리나라 대학의 양성평등교육 현황과 개선 방안」, 『교양교육연구』 제10권 3호, 한국교양교육학회, 2016.

김정희, "여교수에 대한 여교수의 시각", <교수신문>, 2014. 10. 14.

나윤경, 「여학생들의 '목소리'를 통해 드러난 남녀공학대학교의 남성중심성: 여자대학교와 남녀공학대학교를 경험한 여학생들의 사례를 중심으로」, 『한국여성학』 제21권 2호, 한국여성학회, 2005.

덕성여대신문, 2014. 9. 11.

박남기 · 박효원, 「국공립대 여성교수 현황 분석 및 비율 확대 방안 탐색」, 『여성연구』 제100권 1호, 목포대학교 여성문제연구소, 2019.

박찬성, 「대학교 권력형 성희롱 · 성폭력의 특성」, 서울대학교 여성연구소 · 인권센터, 『대학 캠퍼스의 권력 성희롱 · 성폭력, 무엇이 문제인가』, 학술포럼 자료집, 2015.

배유경, 「교육공무원법 일부개정법률안 추진배경 및 경과」, 국공립대학 여교수회 연합회(외)(공동주관 및 후원), 『2019 국공립대학 여교수회 연합회 워크숍 자료집』, 2019.

서울신문, "여학생들 성희롱한 서울교대 국어교육과 남학생들 유기정학", 2019. 5. 11.

송인자, 「대학사회와 양성평등, 어디까지 왔나?」, 경상대학교 여성연구소 · (사)전국여교수연합회(엮음), 『여성의 눈으로 본 대학사회와 젠더정치』, 오름, 2012.

아세아경제, "연이어 불거지는 대학가 내 '단톡박 성희롱'", 2017. 2. 12.

안상수(외), 『성평등 실천 국민실태조사 및 장애요인 연구(III): 대학생활 영역을 중심으로: 연구보고서-31』, 한국여성정책연구원, 2011.

안재희 외, 『대학교원임용 양성평등정책에 관한 연구』, 교육과학기술부, 2011.

여성신문, "세계적 대학일수록 여성 · 성소수자 · 장애인 배려해", 2016. 3. 23.

_____, "'이제라도 말해야 합니다' 대학가로 번진 성폭력 · 여성혐오 고발", 2016. 11. 2.

_____, "새학기, 성폭력 · 혐오발언 없는 캠퍼스에서", 2017. 2. 20.

_____, "대학총여학생회 '전멸'…페미니즘 활동 어디로", 2019. 1. 17

연합뉴스, "대학내 성폭력 상담 인력 · 교육 콘텐츠 부족", 2016. 6. 22.

오은진, 「2018 양성평등조치계획 추진 형황 및 향후 계획」, 국공립대학 여교수회 연합회 외(공동주관 및 후원), 『2019 국공립대학 여교수회 연합회 워크숍 자료집』, 2019.

오정진, 「평등의 실행 공간으로서의 대학」, 경상대학교 여성연구소 · (사)전국

여교수연합회, 『여성의 눈으로 본 대학사회와 젠더정치』, 오름, 2012.

유숙란, 「'크리티칼 매스'와 성평등 구조 구축과정: 한국의 민주화 이후 정치 적 대표성을 중심으로」, 『국제정치논총』 46, 한국국제정치학회, 2006.

유현미, 「성차별적 위계구조의 담장넘기: '교수 갑질'·성희롱 사건 대응활동 과 대학 미투 운동의 현재」, 『경제와 사회』 120, 비판사회학회, 2018.

윤덕경 외, 『대학 내 성희롱·성폭력 상황별 대응 매뉴얼 개발 정책연구』, 한 국여성정책연구소. 2019.

윤소빈, 「대학 내 젠더문제의 의제화 필요성과 그 방식: 대학 페미니스트가 본 학내 젠더정치의 현실과 가능성」, 『담론과 쟁점』 2호, 한국대학학 회, 2017.

이데일리, "연세대, '약자 배려·성평등' 명예규율 제정", 2017. 2. 21.

이미정 외, 『대학 내 성희롱·성폭력 실태조사 및 제도개선 방안: 2018년 교 육부 정책보고서』, 교육부·한국정책연구원, 2018.

이혜숙, 「대학사회 성주류화, 방향과 과제는 무엇인가」, 경상대학교 여성연구 소·(사)전국여교수연합회 엮음, 『여성의 눈으로 본 대학사회와 젠더 정치』, 오름, 2012.

_____, 「남성중심적 대학, 성평등의 과제는 무엇인가」, 『대학: 담론과 쟁점』, 제1호(통권 3호), 한국대학학회, 2017.

_____, 「대학 성평등 정책과 여성연대: 여교수회의 활성화 방안」, 『2019년 경상대 여교수회·경상대 여성연구소 공동 워크숍 자료집』, 경상대 여교수회·경상대 여성연구소, 2019.

이혜숙·서의훈·최정혜, 『대학문화와 성평등 의식: 경상대 재학생들을 중심 으로』, 경상대학교 여성연구소, 2013.

조성남, 「폭력과 배제의 공간에서 여성으로 살아가기: 젠더 차별적 대학문화」, 『성평등적 관점에서 본 대학문화의 현주소와 과제』, 경상대 여성연구 소 학술대회 자료집, 2013.

중부일보, "대학교 '성폭력 발생 이유가 있다'", 2016. 10. 19.

중앙일보, "2016 대학평가<하> 여성친화대학", 2016. 10. 19.

천선영, 「젠더에 '무지'한 대학」, 국공립대학 여교수회 연합회 외(공동주관 및 후원), 『2019 국공립대학 여교수회 연합회 워크숍 자료집』, 2019.

페미니스트 저널 일다, 2017. 6. 16.

포커스뉴스, "대학교수의 '권력형 갑질 성희롱'에 우는 을(乙) 학생들", 2016. 10. 13.

프레시안, "강의실 미투 생존 보고서", 2018. 6, 28.

_____, "교수 성폭력, 학생들은 절차에 따라 배제됐다", 2018. 8. 1.

_____, "'페미는 정신병'? 지성의 보루라는 대학의 실상입니다", 2018. 8. 20.

_____, "'대학 미투' 대하는 학교 측의 '천하 제일 궤변대회'", 2018. 8. 16.

한국경제, "국공립대 여교수 비율 25%까지 늘린다", 2019. 6. 23.

[제3장]

변혜정, 「성폭력 개념에 대한 비판적 성찰」, 『한국여성학』 20(2), 한국여성학
회, 2004.

이호중, 「성폭력 처벌규정에 대한 비판적 성찰 및 재구성」, 『형사정책』 제17
권 2호, 한국형사정책학회, 2005.

조심선희, 「섹슈얼리티」, 『여/성이론』 14, 여성문화이론연구소, 2006.

최윤정, 『산업재해로서의 직장 내 성희롱』, 푸른사상, 2019.

한국여성정책연구원 성평등전략사업센터, 「일반국민이 바라본 미투 운동」,
『젠더리뷰』 49, 한국여성정책연구원, 2018.

한국여성정책연구원 성평등전략사업센터, 「전문가가 바라본 미투 운동의 의
미와 향후 과제」, 『젠더리뷰』 49, 한국여성정책연구원, 2018.

[제4장]

Aftenposten, #nårmusikkenstilner: «Plutselig stakk han to fingre inn i meg under
skjørtet mitt». 22 November 2017. https://www.aftenposten.no/kultur/i/
qnp89z/narmusikkenstilner-Plutselig-stakk-han-to-fingre-inn-i-meg-under
-skjortet-mitt.

Alami, Aida, The Impact of #MeToo in France: An Interview with Lénaïg
Bredoux. 13 March 2019. https://www.nybooks.com/daily/2019/
03/13/the-impact-of-metoo-in-france-an-interview-with-lenaig-bredoux/.

Askola, Heli, Wind from the North, don't go forth? Gender equality and the
rise of populist nationalism in Finland. European Journal of Women's
Studies 26 (1), 2019.

BECTU, Survey reveals scale of sexual harassment in creative workplaces, 23
January 2019. https://www.bectu.org.uk/get-involved/campaigns/Dignity/news.

Blanco, Silvia, One in three Spanish Women has felt sexually harassed, new

poll finds, 6 March 2018. El Pais, https://elpais.com/elpais/2018/03/06/
inenglish/1520325751_504683.html.

BBC, Women 'weaker, less intelligent' - Polish MEP Korwin-Mikke, 3 March 2017. https://www.bbc.com/news/world-europe-39152562

BBC, #MeToo: UK stars give £1m to sexual harassment victims, 11 October 2018a. https://www.bbc.com/news/uk-45818699.

BBC, Spain 'wolf pack' sex attack gang not rapists, say judges, 5 December 2018b. https://www.bbc.com/news/world-europe-46452894

BBC, France harassment law hands out 447 fines in first months, 16 April 2019. https://www.bbc.com/news/world-europe-48104247.

Cole, Kirsti K., "It's Like She's Eager to be Verbally Abused": Twitter, Trolls, and (En)Gendering Disciplinary Rhetoric, Feminist Media Studies 15:2, 2015.

Council of Europe, Council of Europe Convention on preventing and combating violence against women and domestic violence, 2011. https://www.coe.int/fr/web/conventions/full-list/-/conventions/rms/090000168008482e

Council of Europe, Recommendation CM/Rec (2019)1 of the Committee of Ministers to member States on preventing and combating sexism, 2019. https://search.coe.int/cm/pages/result_details.aspx?objectid=09000 0168093b26a

Drakulić, Slavenca, #MeToo East and West: A matter of history and conditioning, Eurozine, 26 January 2018. https://www.eurozine.com/where-to-for-metoo/.

Eurobarometer, Special Eurobarometer 449 Gender Violence, Brussels, 2017. http://ec.europa.eu/commfrontoffice/publicopinion/index.cfm/Survey/index#p=1&instruments=SPECIAL

European Union Agency for Fundamental Rights(EU AFR), Violence against women: an EU-wide survey, Vienna, 2014. https://fra.europa.eu/en/publication/2014/violence-against-women-eu-wide-survey-main-results-report.

European Parliament, Resolution of 26 October 2017 on combating sexual harassment and abuse in the EU P8_TA-PROV (2017)0417, Strasbourg, 2017.

Fawcett Society, #MeToo One Year On – What's Changed?, 2 October 2018.

https://www.fawcettsociety.org.uk/metoo-one-year.

Flade, Florian, Marcel Pauly, Kristian Frigelj, 1054 Strafanzeigen nach Übergriffen von Köln. Die Welt, 10 February 2016. https://www.welt.de/politik/deutschland/article152018368/1054-Strafanzeigen-nach-Uebergriffen-von-Koeln.html.

Fraňková, Ruth, #MeToo campaign resonates among Czech women, 24 October 2017. https://www.radio.cz/en/section/curraffrs/metoo-campaign-resonates-among-czech-women.

France 24, Reported sexual assaults rose sharply in France in 2018, 1 February 2019. https://www.france24.com/en/20190201-france-sexual-assault-rape-metoo-weinstein-2018.

FranceInfo, Accusé de harcèlement sexuel, Denis Baupin perd son procès en diffamation contre des médias et ses accusatrices. 19 April 2019. https://www.francetvinfo.fr/politique/affaire/affaire-denis-baupin/denis-baupin-perd-son-proces-en-diffamation-contre-les-medias-et-ses-accusatrices_3406011.html.

France Soir, Tristane Banon : Le parquet ouvre une enquête. 8 July 2011. http://archive.francesoir.fr/actualite/justice/tristane-banon-parquet-ouvre-une-enquete-116764.html.

Gill, Rosalind, Postfeminist media culture: Elements of a sensibility. European Journal of Cultural Studies 10 (2), 2007.

Glyniadaki, Katerina, The #MeToo Movement and the Greek Silence, 29 May 2018. https://blogs.lse.ac.uk/greeceatlse/2018/05/29/the-metoo-movement-and-the-greek-silence/

Gournvement.fr, Combating violence against women: a campaign to change behaviours. 30 September 2018. https://www.gouvernement.fr/en/combating-violence-against-women-a-campaign-to-change-behaviours.

Govan, Fiona, #Cuéntalo: Spanish women launch their own #Metoo movement, The Local, 30 April 2018. https://www.thelocal.es/20180430/cuentalo-spanish-women-launch-their-own-metoo-movement

Government of Sweden, Consent – the basic requirement of new sexual offence legislation, 26 April 2018. https://www.government.se/press-releases/2018/04/consent--the-basic-requirement-of-new-sexual-offence-legislation/.

Grgić, Hana, Speak up now! The power of female voices in Macedonia, 13

February 2018. http://politicalcritique.org/world/2018/speak-up-now-the-power-of-female-voices-in-macedonia/

Gurzu, Anca, #MeToo hits Norway's Women-dominated Politics, Politico, 2 February 2018. https://www.politico.eu/article/trond-giske-kristian-tonning-riise-ulf-leirstein-metoo-hits-norways-woman-dominated-politics/

Henley, Jon, Sexual Absue Scandal engulfs Nobel literature Priize Body. The Guardian, 13 April 2018. https://www.theguardian.com/world/2018/apr/12/sara-danius-resigns-swedish-academy-nobel-prizes.

Henry, Nicola, War and Rape: Law, Memory, and Justice. London: Routledge, 2010.

Himmelreich, Laura, 'Der Herrenwitz', Stern, 1 February 2013. https://www.stern.de/politik/deutschland/stern-portraet-ueber-rainer-bruederle-der-her renwitz-3116542.html.

Hoel, Helge, Maarit Vartia, Bullying and sexual harassment at the workplace, in public spaces, and in political life in the EU. Study for the FEMM Committee of the European Parliament, 2018. http://www.europarl.europa. eu/supporting-analyses.

Hoikkala, Hanna, Veronica Ek, Niklas Magnusson, Sweden Says #MeToo, Bloomberg, 20 December 2017. https://www.bloomberg.com/news/articles/2017-12-20/sweden-says-metoo.

Human Rights Watch, Russia: Bill to Decriminalize Domestic Violence, 23 January 2017. https://www.hrw.org/news/2017/01/23/russia-bill-decriminalize-domestic-violence.

Janáková, Barbora, Czech experts, judges and politicians: #MeToo is an eccentricity of our times, Britske listy, 17 March 2018. https://blisty.cz/art/90278-czech-experts-judges-and-politicians-metoo-is-an-eccentricity-of-our-times.html.

Jane, Emma A, 'Your a ugly, whorish slut': Understanding e-bile. Feminist Media Studies 14 (4), 2014.

Kämper, Vera, "Männer nehmen den alltäglichen Sexismus gar nicht wahr", Spiegel, 25 January 2013. https://www.spiegel.de/panorama/gesellschaft/aufschrei-interview-zur-sexismus-debatte-auf-twitter-a-879729.html.

Kelle, Birgit, Dann mach 'doch die Bluse zu. Ein Aufschrei gegen den Gleichheitswahn, Aslar: Adeo, 2013.

Keskinen, Suvi, The 'crisis' of white hegemony, neonationalist femininities and antiracist feminism, Women's Studies International Forum 68, 2018.

Kuenssberg, Laura, Calls for change in Westminster culture, BBC News Politics, 31 October 2017. https://www.bbc.com/news/uk-politics-41824400.

Larsen, Hege, Tove Lie, Oystein Fimland, Over 100 kjente saker om sekssuell trakassering I academia. Khrono, 15 February 2018. https://khrono.no/ studentombudet-uit-varsling/over-100-kjente-saker-om-seksuell-trakasseri ng-i-akademia/210787

Le Monde, « Nous défendons une liberté d'importuner, indispensable à la liberté sexuelle », LeMonde, 9 January 2018. https://www.lemonde.fr/ idees/article/2018/01/09/nous-defendons-une-liberte-d-importuner-indis pensable-a-la-liberte-sexuelle_5239134_3232.html.

LevFem, Rage and Liberation. Bulgarian women against violence, 11 Ferburay 2019. http://www.cadtm.org/Rage-and-Liberation-Bulgarian-women- against-violence

Local, Norway film legend attacks #metoo movement, The Local, 16 August 2018. https://www.thelocal.no/20180816/norway-film-legend-attacks- metoo-movement.

Männi, Marian, The failure of the MeToo campaign in Estonia, Newsmavens, 27 December 2017. https://newsmavens.com/news/signs-of-the-times/ 975/the-failure-of-the-metoo-campaignin-estonia.

Marriage, Madison, Men Only: Inside the charity fundraiser where hostesses are put on show, 24 January 2018. The Financial Times, https://www. ft.com/content/075d679e-0033-11e8-9650-9c0ad2d7c5b5.

Medjdini, Fatjona, Tomovic, Dusica and Ana Maria Touma, #MeToo Campaign Strikes Chord Among Balkan Women, 19 October 2017. Balkan Insight, https://balkaninsight.com/2017/10/19/metoo-balkan- women-campaign-against-sexual-harassment-10-18-2017.

Mendes, Keitlynn, Jessica Ringrose, Jessalynn Keller, #MeToo and the Promise and Pitfalls of Challenging Rape Culture through Digital Feminist Activism. European Journal of Women's Studies 25 (2), 2018.

Molchanv, Aleksandr, Robert Coalson, Russian Woman's #MeToo Story Highlights Fear Of Speaking Out, 10 January 2019. https://www.rferl. org/a/russian-woman-metoo-rape-fear-speaking-out/29701754.html.

Morán Breña, Carmen, #MeToo Spanish-style: Women in arts prepare to speak out about sexual abuse, 25 January 2018. El Pais, https://elpais.com/elpais/2018/01/25/inenglish/1516873472_512637.html?rel=mas.

Moscow Times, New Russian #MeToo Flashmob Takes Twitter by Storm, 18 July 2019. https://www.themoscowtimes.com/2019/07/18/new-russian-me-too-flashmob-takes-twitter-storm-a66466.

Nixon, Darren, 'I Can't Put a Smiley Face On': Working-Class Masculinity, Emotional Labour and Service Work in the 'New Economy', Gender, Work and Organisation 16 (3), 2009.

OECD, OECD-led Report on Violence Against Women: Well-being and Safety of Women, Paris: OECD, 2019. https://www.osce.org/secretariat/413237?download=true.

Papp, Réka Kinga, #MeToo in Hungary: Liberal self-cleansing or real change? Eurozine, 26 January 2018. https://www.eurozine.com/where-to-for-metoo/.

Phelan, Jessica, That time when...': Italian women speak up about sexual harassment, The Local, 16 October 2017. https://www.thelocal.it/2017 1016/italy-sexual-harassment-hashtag-quellavoltache.

Popławska, Katarzyna, The wall of shame has fallen. Over 35,000 #MeToo #JaTeż publications in Polish media, 30 October 2017. https://psmm.pl/en/informacja-prasowa/wall-shame-has-fallen-over-35000-metoo-jatez-pu blications-polish-media.

Roache, Madeline, Russia's Version of #MeToo Has Struggled to Take Off — Until Now, Time, 9 August 2019. https://time.com/5636107/metoo-russia-womens-rights.

Roth, Andrew, Putin suggests #MeToo movement is a media conspiracy, The Guardian, 7 June 2018. https://www.theguardian.com/world/2018/jun/07/putin-criticises-metoo-for-delays-in-alleged-attack-reports.

Sagener, Nicole, „Maischberger ": Thomallas #MeToo-Kritik löst Diskussion aus. Der Westen, 14 December 2017. https://www.derwesten.de/kultur/fernsehen/maischberger-thomalla-sorgt-mit-meetoo-kritik-fuer-aerger-id2 12849843.html.

Srebotnjak, Hana, #metoo in the East? Women's rights in south-Eastern and Eastern Europe, 8 May 2019. https://www.opendemocracy.net/en/demo craciaabierta/international-civil-society-week/metoo-east-womens-rights-south-eastern-and-eastern-europe.

Siddique, Haroon, Workplace gender discrimination remains rife, survey finds. The Guardian, 13 September 2018. https://www.theguardian.com/world/ 2018/sep/13/workplace-gender-discrimination-remains-rife-survey-finds.

Siri, Simona, Having a misogynist leader has consequences. And no, I don't mean Trump. The Washington Post, 14 December 2017. https://www. washingtonpost.com/news/global-opinions/wp/2017/12/14/the-metoo-m ovements-disturbing-failure-in-italy/?noredirect=on&utm_term=.9251ab 5c1103.

Smilova, Ruzha, 'Promoting 'Gender Ideology': Constitutional Court of Bulgaria Declares Istanbul Convention Unconstitutional', OxHRH, 22 August 2018. http://ohrh.law.ox.ac.uk/promoting-gender-ideology-constitutional-court-of-bulgaria-declares-istanbul-convention-unconstitutional.

Tamkin, Emily, Italy's highest court overturns decision that woman was too 'masculine' to be raped, Washington Post, 10 April 2019. https://www. washingtonpost.com/world/2019/04/10/italys-highest-court-overturns-de cision-that-woman-was-too-masculine-be-raped/?utm_term=.98d728c3558a.

Tanner, Ruth, #MeToo Advocates Battle Culture of Shame in Bosnia, Balkan Insights, 14 June 2018. https://balkaninsight.com/2018/06/14/metoo-advocates-battle-culture-of-shame-in-bosnia-06-13-2018/.

Torres, Analia, Costa, Dalia, Sant'Ana, Helena, Coelho, Bernardo & Sousa, Isabel, Sexual harassment and bullying in the workplace in Portugal. Policy Brief. Interdisciplinary Centre of Gender Studies, Lisbon: CIEG, 2016.

Turton, Sue, Bosnian War rape survivors speak of their suffering 25 years on, The Independent, 21 July 2017. https://www.independent.co.uk/news/ long_reads/bosnia-war-rape-survivors-speak-serbian-soldiers-balkans-wom en-justice-suffering-a7846546.html.

YouGov, YouGov/Eurotrack Survey Results, 2017. https://yougov.co.uk/topics/ lifestyle/articles-reports/2017/11/01/sexual-harassment-how-genders-and-generations-see-(popup:search/sexual%20harassment%20;type=surveys).

YLE, Survey: Over half of Finns think sexual harassment could be "just a misunderstanding", 16 November 2017a. https://yle.fi/uutiset/osasto/ news/survey_over_half_of_finns_think_sexual_harassment_could_be_just _a_misunderstanding/9934586.

YLE, Yle survey finds sexual harassment is relatively common in parliament, 12 December 2017b. https://yle.fi/uutiset/osasto/news/yle_survey_finds_sexual_harassment_is_relatively_common_in_parliament/9972843

YLE, Four women convicted, fined for slandering singer in #metoo-related social media posts, 5 October 2018. https://yle.fi/uutiset/osasto/news/four_women_convicted_fined_for_slandering_singer_in_metoo-related_social_media_posts/10442632.

Zarkov, Dubravka, Kathy Davis, Ambiguities and dilemmas around #MeToo: #ForHow Long and #WhereTo?, European Journal of Women's Studies 25(1), 2018.

[제5장]

경상대학교 여성연구소 엮음, 『여성과 몸: 여성의 성의식, 성행동 다시보기』, 소명출판, 2019.

교육과학기술부, 『유치원 교육과정』, 교육과학기술부, 2007.

교육과학기술부, 『3-5세 연령별 누리과정 교사용 지침서』, 교육과학기술부, 2012.

교육부, 『유치원 성교육 표준안』, 교육부, 2015.

권이종, 「생활교육이란: 부모의 역할」, 『생활교육 성교육』, 한국학술정보, 2004.

김혜영, 「3-5세 누리과정 교사용 지도서에 수록된 문학작품 분석」, 중앙대학교 석사학위논문, 2014.

김혜정, 「유아기 성교육에 대한 교사와 부모의 인식 비교」, 한양대학교 교육대학원 석사학위논문, 2011.

남기원・주현정・김남연, 「유아성교육 활성화를 위한 성교육 실태 및 유아교사의 인식과 요구조사」, 『유아교육학논집』 20(6), 한국영유아교원교육학회, 2016.

노희경, 「유아교육기관에서의 성교육 현황과 교사의 인식」, 인천대학교 교육대학원 석사학위논문, 2013.

도기숙, 「유아의 섹슈얼리티-유아 성교육의 담론과 프로그램 개발을 중심으로」, 『독어교육』 6, 한국독어독문학교육학회, 2014.

박수선・김명자, 「미혼성인남녀의 섹슈얼리티에 관한 기초 연구」, 『대한가정학회지』 42(5), 대한가정학회, 2004.

박수연·김수향, 「3-5세 연령별 누리과정 교사용 지도서에 제시된 성교육 그림책 분석, 『어린이문학교육연구』 17(1), 한국어린이문학교육학회, 2016.

박수연, 「유아 성교육에 대한 교사 인식 및 실태에 관한 연구: 포항시 유아교육기관을 중심으로」, 위덕대학교 석사학위논문, 2012.

보건복지부, 『보육교사를 위한 유아 성교육 매뉴얼』, 인구보건복지협회 출판부, 2013.

우민정, 「유아 성교육 관련 연구동향 분석-국내 학위논문을 중심으로」, 『유아교육연구』 31(3), 한국유아교육학회, 2011.

이혜정, 「부모의 성교육 인식 및 실태, 요구에 따른 유아 성교육 프로그램 구성」, 『유아교육학논집』 18(4), 한국영유아교원교육학회, 2014.

장연집, 「인간평등교육으로서 조기 성교육의 발달적 접근」, 『여성연구논총』 12, 서울여자대학 여성연구소, 1997.

조성자·손선옥, 『유아들의 성교육을 위한 지침서』, 창지사, 2003.

조영미, 「한국 페미니즘 성연구의 현황과 전망」, 한국성폭력상담소엮음, 『섹슈얼리티 강의』, 동녘, 2001.

Anthony, G., 황정미·배은경 옮김, 『현대사회의 성 사랑 에로티시즘』, 새물결, 1996.

Berger, Manfred, Sexualerziehung im Kindergarten. Frankfurt. a. M., 1988. 재인용: 도기숙, 2014.

Brenner, Charles, Grundzuge der Psychoanalyse, Frankfurt. a. M., 1969. 재인용: 도기숙, 2014.

Denman-Sparks, L., & A. B. C. Task Force, Anti-bias curriculum: Tools for empowering young children, Washington, D.C.: NAEYC, 1992.

Ecker, N., & Kirby, D., International guidelines on sexuality education: An evidence informed approach to effective sex, relationships and HIV/STI education.United Nations Educational Scientific and Cultural Organisation, 2., 2009.

Freud, Sigmund, Gesammelte Werke. Bd. X. V. Frankfurt. a. M., 1969. 재인용: 도기숙, 2014

Isaacs, Susan, The Nursery Years, London, 1971. 재인용: 도기숙, 2014.

[제6장]

강방글·한인영·이현정·박정림, 「성폭력 상담사의 대리외상에 대한 주관성 인식 유형 연구」, 『정신보건과 사회사업』 제41권 제3호, 한국정신보건사회복지학회, 2013.

공미혜·류순덕, 「전화상담 여성자원봉사자의 여성주의 정체성이 직무 만족에 미치는 영향」, 『상담학연구』 제5권 제1호, 한국상담학회, 2004.

권해수, 「성폭력상담자의 대리외상 관련 변인 연구: 상담유형, 외상경험, 사회적 지지를 중심으로」, 『상담학연구』 제12권 제1호, 한국상담학회, 2011.

권해수·김소라, 「성폭력 상담자의 대리 외상 경험에 대한 질적 연구」, 『한국심리학회지』 제18권 제3호, 한국심리학회, 2006.

김귀분, 『질적 연구방법론』, 현문사, 2005.

김민선, 「성폭력 상담기관 종사자의 직무스트레스, 사회적 지지 및 우울 : 전국여성·아동폭력피해지원센터 종사자 중심으로」, 광운대학교 석사학위논문, 2013.

김민예숙, 「미국과 한국의 여성주의상담 역사 비교 분석」, 『한국심리학회지: 여성』 제16권 제2호, 한국심리학회, 2011.

김보경, 「성폭력, 성매매상담자의 이차적 외상스트레스와 대리외상의 단계에서의 외상 신념의 매개효과」, 이화여자대학교 석사학위논문, 2012,

김분한·김금자·박인숙·이금재·김진경·홍정주·이미향·김영희·유인영·이희영, 「현상학적 연구방법의 비교고찰- Giorgi, Colazzi, Van Kaam방법을 중심으로」, 『대한간호학회지』 제29권 제6호, 한국간호과학회, 1999,

김세일, 「청소년상담자의 성장 경험에 관한 현상학적 연구」, 경성대학교 박사학위논문, 2013.

김은영, 「성폭력상담자의 대리 외상 감소를 위한 인지행동치료 프로그램 개발 및 효과」, 명지대학교 박사학위논문, 2016.

김인주·김도연, 「지각된 사회적지지, 탈중심화, 삶의 의미가 외상 후 성장에 미치는 영향: 대리 외상을 경험한 성폭력 지원기관 종사자들을 대상으로」, 『상담학연구』 제16권 제5호, 한국상담학회, 2015.

박애선, 「여성주의 집단상담이 여대생의 여성주의 정체성 발달수준과 적응변인에 미치는 영향」, 숙명여자대학교 박사학위논문, 1993.

박지영, 「여성폭력관련상담소 및 시설종사자의 업무로 인한 스트레스 및 관련요인연구 : 부산·경남지역을 중심으로」, 『한국사회복지조사연구』 제18권, 연세대학교 사회복지연구소, 2008.

박진아, 「여성상담기관의 여성주의 상담에 관한 연구」, 가톨릭대학교 석사학위논문, 2000.

변혜정, 「반성폭력 운동과 여성주의상담의 관계에 대한 연구:-상담지원자의 입장에서」, 『한국여성학』 22권 3호, 한국여성학회, 2006.

변혜정·조중신·현혜순, 『성폭력 피해자 치유 프로그램 개발 연구』, 여성가족부, 2005.

부산여성단체연합, 『부산여성단체연합 활동백서』, 부산어성단체연합, 2007.

신상숙, 「제도화 과정과 갈등적 협력의 동학 – 한국의 반(反)성폭력 운동과 국가정책」, 『한국여성학』 제24권 제1호, 한국여성학회, 2008.

신혜섭, 「성폭력 상담원의 대리 외상 관련 변수」, 『생활과학연구』 제18권, 동덕여자대학교 생활과학연구소, 2013.

안은주, 「성폭력상담소 활동가의 좌절과 대처 과정에 관한 연구」, 『아시아여성연구』 제54권 제1호, 숙명여자대학교 아시아여성연구원, 2015.

안은주, 「상담자의 대리외상 후 성장 과정」, 숙명여자대학교 박사학위논문, 2016.

여성가족부, 『2017년 여성가족부 권익운영지침』, 여성가족부, 2017.

워렐·리머, 김민예숙 옮김, 『여성주의 상담의 이론과 실제』, 한울아카데미, 2015.

유혜령, 「현상학적 질적 연구의 논리와 방법: Max van Manen의 연구방법론을 중심으로」, 『가족과 상담』 제5권 제1호, 숭실대학교 부부가족상담연구소, 2015.

윤택림, 『문화와 역사 연구를 위한 질적 연구 방법론』, 아르케, 2013.

이남인, 「현상학과 질적 연구방법」, 『철학과 현상학 연구』 제24권, 한국현상학회, 2005.

_____, 『현상학과 질적 연구』, 한길사, 2014.,

이명신·양난미·안수영·김보령, 「성폭력상담원의 소진 결정 요인 : 업무과중, 공감피로, 피해자중심서비스(Victim-centered service)의 이차피해태도」, 『비판사회정책』 제50호, 비판과 대안을 위한 사회복지학회, 2016.

이미정, 「상담수련과정에서 상담자의 자기 발달 경험 연구」, 숭실대학교 박사학위논문, 2014.

이지연, 「여성주의 상담의 적용실제와 방향」, 『한국심리학회지: 상담 및 심리치료』 제16권 제4호, 한국심리학회, 2004.

임수진·김혜숙, 「자기효능감, 지각된 지지, 내재적 동기가 성폭력상담소 종사자의 심리적 소진에 미치는 영향」, 『한국심리학회지: 여성』 제16권